장로교 신학자가 본

조용기 목사

| 김호환 지음 |

영산 조용기 목사 선교화보집 《위대한 여정: 설교열정 50년》의 첫머리를 열면, 한 장 가득히 '희망' 이라고 쓰인 한 단어가 나온다. '희망' 이 조 목사의 목회여정에서 가장 큰 깃발임을 알 수 있다. 이것은 내가 왜 그의 삶과 신앙을 희망이라는 단어 하나로 묶어 그를 '희망의 신학자' 라고 불렀는지 그 이유이다.

쿰란출판사

● **프롤로그**

영산 조용기 목사 선교화보집 《위대한 여정: 선교열정 50년》의 첫머리를 열면, 한 장 가득히 '희망'이라고 쓰인 한 단어가 나온다. 희망이 조 목사의 목회여정에서 가장 큰 깃발임을 알 수 있다. 이것은 내가 왜 그의 삶과 신앙을 희망이라는 단어 하나로 뭉쳐 그를 '희망의 신학자'라고 불렀는지 그 이유이다.

때때로 남의 생각을 평가하는 사람은 그 자신에 의해 평가되는 당사자보다 더 당사자를 잘 이해하고 있어야 한다. 20세기의 위대한 철학자 한스 폰 가다머(Hans von Gadamer)는, "해석자는 우선 글쓴이의 글의 의미를 파악하는 자이다. 물론 글과 글의 자간을 읽을 줄 알 뿐 아니라 그 글의 한계와 끝에 대한 진정한 평가를 할 수 있는 사람이다. 그리고 글쓴이보다 글쓴이를 더 잘 아는 것이 곧 해석이다"라고 말한다.

그리하여 나는 우리 시대의 한 거장을 한 사람의 해석자로서 이해하려 한다. 그래서 그의 생각과 글을 우선 이해하려 했고, 그의 설교를 통하여 삶의 숨소리를 우선 들으려 했다. 그런데 그를 소개하고 평가하는 나의 작업은 단지 그를 이해하는 데에만 머물러 있을 수가 없었기에, 우선 그가 속해 있었던 오순절 신앙의 틀 안에서 그를 보려 했다. 그리고 그를 둘러싸고 있는, 때로는 친구와 같은 동지로, 때로는 갈등을 야기하는 적대자로 그를 항상 주목하고 있었던 한국 교회의 상황에서 그를 보려고 시도했다.

그는 단지 한국이라고 하는 국지적인 틀 안에 묶어 둘 수 없는 성령의 자유인이었기에, 세계 기독교의 틀 안에서 그를 이해해야만 했다. 그리고 나는 그를 정당하게 평가하기 위해, 기독교 역사가 과거로부터 현재까지 만들어 놓은 시간과 공간의 교차로에서 항상 그를 보려고 노력했다.

조용기 목사의 신학에 대해서 글을 쓰면서, 나는 몇 가지 어려운 문제에 봉착했다. 우선 조 목사의 생각이 목회자로서 분명한 자기 목회 철학과 소신 그리고 그동안의 경륜에 따른 사상들이 어느 정도 우리에게 제시되어 있지만, 문제는 그의 신학적인 사상이 구체화를 위한 도정에 있는 상황이라는 점이다. 이 점 때문에 그의 신학적인 단상들이 무엇인지를 밝히는 작업이 필요하다.

최근 들어 조용기 신학은 사차원 영성에 초점이 있다는 주장들이 조용기 목사의 제자들에게서 제시되고 있다. 혹자는 그의 십자가 신학이 핵심임을 강조하려 한다. 그런데 조 목사는 그의 목회 50여 년 동안 이룬 업적만큼이나 그의 생각도 다양하다. 그러므로 우선 그 다양한 생각의 군더더기들을 끌어모아 일단 형체화(configuration)하고, 그리고 나서 구체적으로 형태를 만들어(formulation), 그것을 또다시 명료화(clarification)시키는 신학

● 프롤로그

화 작업이 필요하다. 이 선행될 작업들은 나의 몫이지만, 그러나 그 외에도 또 다른 애로사항들이 남아 있다.

숨기고 싶은 사실이지만, 한국 기독교인들은 신학서적에 대한 독서 분량이 다른 일반서적들에 비해 적어 독서 능력이 떨어진다는 것 역시 또 문제이다. 대부분의 기독교인들이 복잡한 신학적인 내용을 알 리 만무하고 또한 관심을 가지기도 어렵다. 더군다나 많은 신학자들의 사상을 조용기 목사의 생각과 연계시키고, 상호관계를 설명하는 일은 그리 쉬운 일은 아닐 것이다.

그럼에도 불구하고 내가 이 글을 쓴 것은 조용기 목사의 제자들이 스승의 생각 안에 담겨 있는 신학 사고의 가능성을 제대로 정립하거나 발전시키는 데 동기부여와 자료를 제공하기 위함이다. 불행하게도 조 목사 주변에 있는 제자들은 자신의 스승이 지닌 신학적 사고의 위대함을 꿰뚫어 볼 안목을 갖고 있지 못한 것 같다.

본시 무엇이든지 필요하다면 받아들이는 조용기 목사의 사고는 '열린 체계'를 이루고 있지만, 그만큼 다양한 사고의 출구(신학 발전을 위한 해석의 가능성)로도 발전할 수 있음을 알아야 한다. 그러기 위해서 조 목사의 제자들은 자신들의 신학의 폭을 넓혀 교단 차원을 떠나 서구신학과 구미신학을 넘어서야 하고 많은 전문가들의 조언을 얻을 절대적인 필요가 있다.

사실 보수적인 입장에 서 있는 대부분의 목회자나 신학교의 교수들이라도 독일 신학과 자유주의 신학에 관한 지식이 극히 제한적이고, 평신도들은 더욱 그럴 것이다. 거기다가 설상가상으로 조용기 목사의 주변에 있는 신학자들 역시 그 관심도와 학문의 성향이 교파적인 영향이나 한국 교회의 상황 때문에 어쩌면 편향적일지도 모른다.

이것은 우리 모두의 한계이지만, 조용기 목사라고 하는 걸출한 기독교 신앙 사상가의 생각을 구체화하고 발전시키기를 원한다면, 여러 신학의 경향과 지식들과 관련해서 다양한 사상을 지닌 세계적인 신학자들과의 대화를 추진하여 후학들에게 소개하고, 관심과 열린 마음으로 조 목사의 신학 사상을 발전시키는 것이 매우 중요하리라 생각된다. 이 점과 관련해서 매년 조용기신학세미나를 개최하여 세계적인 석학들을 초빙하고 있는 것은 매우 바람직한 일이다.

그런데 초빙되어 오는 이들이 세계적인 석학들이라고들 하지만, 그들은 무슨 자료로 조용기 목사의 생각을 읊을 수 있을까? 지금까지 조 목사 자신에 대한 글은 자료가 너무 미비하고, 또한 신학적인 사고를 영어로 정립한 문서를 거의 찾아보기 힘든 실정이지 않은가!

프롤로그

그 외에도 나는 전혀 다른 관점에서 조용기 목사를 평가하려는 사람들이 지니고 있는 문제점도 물론 고려해야만 했다. 조 목사를 극단적인 신비주의적인 경향성을 띤 교조주의자로 보거나 아니면 그를 신학적인 사상과는 별 관계가 없는 단순한 목회자로만 보려는 사람들의 편견을 불식시키는 일이 목적이지만, 그런 사람들의 편견과 오해를 논리적으로 설명하고 설득하는 것, 역시 작업의 한 부분이었다.

이 변증 작업은 오히려 적극적으로 조용기 목사뿐 아니라 복음주의적이며 성령 체험을 강조하여 은사중심적 체험 신앙을 표방하는 초교파적인 한국의 대다수 복음주의 신자들의 신앙을 세계에 설명하는 데 있다. 이 점은 내가 이 글을 쓴 이차적인 중요한 이유가 된다. 즉 조용기 목사의 신학사상을 다루면서도 그를 둘러싸고 있는 한국 교회의 신학을 간접적으로 설명하려는 이차적인 목적도 있음을 밝혀둔다. 내가 믿기로는 조용기 신학은 한국 교회의 일반적인 신학적 사고와의 대화 없이는 결코 존재할 수가 없었다. 그 대화가 긍정적이었든지, 아니면 부정적으로 갈등을 낳았든지 간에 그 관계 속에서 조용기 신학은 태동되었기 때문이다.

나는 나의 글을 주변의 여러 다른 교파와 다양한 사상적인 성향을 지닌 신학자나 목회자, 혹은 평신도들에게까지 읽게 해 보았다. 많은 의견들이 있었지만 나의 생각을 모든 이들에게 다 설명하는 데 한계가 있음을 발견했다. 이 때문에 오해의 폭을 좁히기 위해, 나는 처음 쓰기로 마음먹은 것보다 훨씬 많은 분량을 자세한 설명을 덧붙이는 데 할애해야만 했다. 그리고 이 글을 쓸 때의 초심을 바꾸어, 조용기 목사의 사상의 미래에 대해 한 장을 더 쓰기로 했다. 마지막에 서술될 이 부분은 조 목사의 사상이 낳을 수 있는 긍정적이든, 부정적이든 예측되는 미래의 결과들에 대한 전망과 평가들이 언급될 것이다.

그러나 처음부터 긍정적인 기조를 유지하려는 마음으로 시작된 이 작업을 갑자기 레일을 벗어나 탈선시키려 하지는 않을 것이다. 그 몫은 다른 사람들에게 맡기려 한다.

이 책의 구조에 대해 간략하게 언급하면, 우선 나는 조용기 목사가 과연 신학자가 될 수 있을까 하는 근본적인 의문을 제시함으로써 글을 시작하게 될 것이다(1장). 그리고 과거 조 목사의 삶과 신앙에서 발견되는 희망의 선언에 대해 동질성을 표명하고 있는, 위르겐 몰트만(Juergen Moltmann)의 조 목사에 대한 신학자로서의 추천과 평가로부터 논의를 시작했다(2장).

또한 이 책은 왜 몰트만 그 자신이 언급한 크리스토프 블룸하르트 부자

서론

(Christoph Blumhardt I, II)와 칼 바르트(Karl Barth), 그리고 몰트만 자신과 조 목사가 동일한 희망이라는 대화를 위한 지평 위에서 '희망'이라고 하는 담론을 왜 서로 자신들의 신학주제로 설정했는지를 설명하고자 했다(3장).

4장에서는 조용기 목사의 신앙적인 배경과 신학의 성격을 풀러신학교의 위대한 스승 조지 래드(Georg E. Ladd)와 비교해서 언급하고자 한다. 특별히 래드의 "하나님 나라의 신학"과 조 목사의 믿음의 체계가 지닌 동질성에 대해 언급하고자 한다. 5장에서는 오순절 신학의 틀 안에서 조 목사의 신학을 해석하고 있는 세계 오순절 신학학회 회장을 지낸 라이프치히 신과대학의 피터 침머링(Peter Zimmerling)이 제기한 조 목사에 관한 몇 가지 평가에 대해, 오해를 불식시키기 위해 몇 가지로 답하고자 했다.

6장에서는 조용기 목사의 신앙과 사상의 태반이 되었던 오순절 신학과 그 속에서 자신의 신학을 발전시키고, 오히려 새로운 신학사상을 제시하고 있는 조 목사의 창조적인 신학 사고를 설명하려 한다. 그리고 나는 특별히 이 책의 에필로그에 '조용기 목사의 신학의 미래 전망'이라고 하는 나 자신의 개인적인 평가와 전망을 짧게 내어 놓기를 원했다. 이 부분은 본시 계획에는 없었으나, 모든 독자들에게 유익이 되리라 믿어 첨가했다.

궁극적으로, 글을 쓰는 모든 이들이 바라는 것은 자신의 글이 많은 사람들에게 읽히는 것이다. 내 글 역시 많은 이들이 읽었으면 좋겠고, 특히 조용기 목사를 스승으로, 목사님으로 모시는 모든 이들이 내 글을 읽었으면 하는 바람이다.

 내 글은 어느 정도 마음의 여유를 가진 자를 위해 쓰인 글이다. 남의 생각을 이해해 주는 이를 기다리며, 그리고 교단과 교파를 넘어서서 뜨거운 성령의 감동을 서로 가슴에 나누기를 원하는 이들에게 도움이 되길 바란다. 그러므로 우리 시대의 걸출한 목회자이자 신학자인 조용기 목사를 사랑하고 이해해 주는 이들에게 도움이 되었으면 한다.

 끝으로 밝히고 싶은 것은, 그 어떤 사람도 가치중립적이 될 수 없다는 사실이다. 이 글은 조용기 목사를 존경하여 쓴 글이지만, 무조건 그를 숭배하려는 의도성은 전혀 없음을 밝히고 싶다.

2012년 10월 20일

김호환

차례

프롤로그 ... 002

Part 01 신학자 조용기
　01. 조용기 목사가 신학자라고? ... 015
　02. 그러면 누가 진정한 신학자인가? ... 021

Part 02 몰트만 신학과 조용기 신학의 만남
　01. 절망을 넘어서 ... 026
　02. 경험과 신학 ... 030
　03. 답변하시는 하나님 ... 038

Part 03 크리스토프 블룸하르트(C. Blumhardt) 부자와 조용기 목사
　01. 크리스토프 블룸하르트(Christoph Blumhardt) 부자(父子) ... 042
　02. 희망(希望)의 신학 ... 046
　03. 한국의 블룸하르트, 조용기 목사 ... 050

Part 04 　조용기 목사와 위대한 스승 조지 래드(G. E. Ladd)

　　01. 조용기 신학의 출발 … 060

　　02. 오순절 신학과 신앙 … 063

　　03. 조지 래드와의 만남 … 068

Part 05 　피터 침머링(P. Zimmerling)과 조용기 목사의 성령론

　　01. 조용기 목사가 주장하는 성령은 누구인가? … 077

　　02. 조용기 목사의 성령 세례와 정통 복음주의의 성령 세례 … 083

　　03. 성령 세례의 증거: 방언 … 089

　　04. 구속사와 성령의 역할 … 095

　　　　1) 신비주의자 요하임 폰 피오레와 조용기 목사

　　　　2) 종말론자 요하임 폰 피오레와 조용기 목사

　　　　3) 성부, 성자 그리고 성령의 시대

● 차례

Part 06　오순절 신학과 조용기 신학의 만남

　　01. 오순절 신학의 전통과 배경 ... 113

　　02. 조용기 목사의 신학 사상의 핵심 ... 120

　　　　1) 축복의 신학

　　　　2) 3중축복

　　　　3) 4차원의 영성

　　03. 오순절 신학과 전통을 넘어서 ... 135

　　　　1) 하나님의 선교(Missio Dei)

　　　　2) 연합과 교제

　　　　3) 목회 철학과 경영 마인드

에필로그 ... 150

인물 및 용어 해설 ... 158

Part 01

신학자 조용기

　조용기 목사는 한국이 낳은 위대한 목회자이다. 리젠트 신학대학(Regent Seminary)의 신학부 전 학장인 빈슨 사이난(Vinson Synan)은 "전 세계 5억 3천만 명이 넘는 오순절교도들과 카리스마를 지향하는 교회들은 조용기 목사를 탁월한 영적 지도자로 생각한다"고 말한다. 그것이 사실이라면, 조 목사는 우리 한국의 개신교가 배출한 위대한 영적 지도자이며, 또한 우리 세대의 모든 기독교인들로부터 주목을 받을 만한 지도자 중의 한 사람이라는 점을 부인할 수가 없게 된다.

　우리는 팔순을 바라보는 조용기 목사의 지난 50여 년간의 성역을 지켜보며, 한국 개신교의 신앙과 삶의 역사적 지평을 읊게 된다. 조 목사의 신앙과 삶은 한국 개신교 신앙과 삶의 과정과 결과로 얻어진 열매라 할 수 있다. 어쩌면 오히려, 그의 신앙과 삶의 태도를 통해 많은 한국의 개신교도들과 세계의 기독교 신앙을 지닌 수많은 사람들이 그에게 신앙의 빚을 졌는지도 모른다. 실로 조용기 목사는 존경을 받을 만한 우리 한국 기독교의 큰 영적 지도자이며, 그를 존경하는 후학들에 의해 그의 업적들이 정당하게 평가되어야 한다. 이 책이 쓰인 것은 이러한 이유와 당위성(當爲性) 때문이다.

글을 시작하면서 특별히 이 책의 목적이 지금까지 이미 일반적으로 다루어져 온, 세계 최대 교회의 성공한 목회자로서 조용기 목사를 조명하는 데 있지 않음을 먼저 밝힌다. 오히려 이 책은 새로운 관점인 조 목사가 지닌 또 다른 재능, 즉 하나님의 축복이자 은총인 신학자로서의 조 목사에 대하여 쓴 책이다. 즉 이 책은 "희망의 신학자" 조용기 목사에 대해 쓴 책이다.

한 저술가의 책이 100만 권 이상 팔렸다면, 그는 분명 베스트셀러 작가라 말할 수 있다. 분명 100만 권이나 되는 책이 팔렸다면, 그 책의 저자는 자신의 글 안에 자신이 살고 있는 시대정신을 공유하고 있을 뿐 아니라, 오히려 시대정신을 이끌어 가고 있다는 또 다른 증거를 가진 셈이다. 그런 이유로, 우리는 위대한 작가들을 그 시대의 정신이라고 부른다.

조용기 목사의 책이 전 세계에 1,000만 권 이상이나 팔렸다. 그가 얼마나 우리 시대의 기독교계의 관심사인지를 간접적으로 증거하고 있다. 놀라운 것은 오늘날에도 여전히 조 목사의 신앙과 신학 사상은 하나님에 대한 새로운 비전으로 채워지고 있다는 것이다. 그리고 조 목사가 지난 세월 속에 남긴 신학 사상은 여전히 많은 목회자들과 신학자들의 논쟁 한가운데 자리를 차지하고 있다.

오늘날 조용기 목사의 신학 사상은 단지 오순절 교파와 카리스마 교파

신학자들만의 관심거리가 아니다. 조 목사의 신앙 철학은 부흥을 바라는 미국의 교회 역사가들과 독일의 주류 신학자들의 논의 깊숙한 곳에 한자리를 차지하고 있다.

특별히 오늘날 성령에 대한 주제가 한 시대를 풍미하고 있음을 볼 때, 성령이 오늘날 교회 신학의 중심 논제로 자리를 차지하고 있는 한, 조용기 목사가 성령의 주제와 더불어 반드시 언급될 필요가 있는 당사자(當事者)로 거명되고 있다는 것은 특별히 후배 신학자들로 하여금 그의 신학사상을 새롭게 다시 정리할 의무를 느끼게 한다.

01 조용기 목사가 신학자라고?

1999년 나는 나의 세 번째 박사학위를 위해 특별한 논문을 쓰고 있었다. 기독교 역사에 나타난 카리스마와 영성의 역사를 정리해보고자 했기 때문이다(《카리스마와 영성》, 개혁주의신행협회, 2006). 평소 카리스마의 역사를 연구해보고 싶었던 것이 다른 이들이 별반 흥미를 느끼지 못하는 이 특이한 영역에 손을 대게 했다.

대부분 박사학위 논문을 쓰는 사람들은 우선 학위의 주제와 관련된 일차적인 자료를 살핀다. 그리고 이차적으로 최근 학자들의 연구 정도와 관심도 혹은 평가들을 잘 정리해서 자신의 새로운 견해를 내어 놓는다. 나의 경우도 '카리스마와 영성'에 관한 역사적인 자료들을 모두 검토하고, 또한 관련 주제에 대해 권위를 가진 현대 신학자들의 연구와 진행 정도를 확인하기 위해 많은 책들과 신학 잡지들을 뒤적여야만 했다.

그때까지만 해도 나는 조용기 목사가 그렇게 위대한 신학자라고는 결코 생각해 본 적이 없었다. 단지 세계에서 가장 큰 교회를 세운 카리스마적인 인물 정도로밖에는 생각한 적이 없었다. 그러나 논문을 써 가면서 세계적인 신학자들이, 내가 단지 카리스마적인 지도력을 소지한 한 목회자로만 생각하고 있었던 조 목사를 위대한 신학자라고 생각하고 있다는 사실을 비로소 알게 되었다.

조용기 목사가 위대한 신학자라고? 1980년대만 해도 독일 신학계는 오직 한두 사람의 한국 신학자만 알고 있었다. 1970년대 한국 기독교인의 정치 사회적 상황을 신학적으로 반영한 정치신학, 즉 자유주의적인 시각에서 한국의 가난하고 억압받은 사람들의 체험을 정치 사회적으로 해석한 민중신학(民衆神學)을 부르짖은 안병무 교수나, 그 지평에 서 있었던 한두 사람 정도라 할까!

당시 독일 신학계는 한 사회 안에서 '지배자와 피지배자' 혹은 권력을 '잡은 자와 잡힌 자' 간에 제 3세계의 갈등이 중요한 이슈로 등장하고 있었다. 칼 바르트의 제자들 중 어떤 이들은 사회를 '잡은 자와 잡힌 자'로 이분화하여 해석했다. 그리고 전통적인 마르크스주의와 수정된 사회주의에서 언급되는 '인민' 혹은 '군중'을 주체로 한 신학개념이 신학계의 중요한 논의점으로 부상하고 있었다. 이러한 경향과 함께 한국의 정치 상황에서 끄집어 낸 안병무 교수의 민중신학은 논의의 중요한 모델이 되었다.

내가 유학을 했던 1980년대 초반 독일 신학은 이미 1960년대까지 신학의 거장인 칼 바르트(Karl Barth)나 루돌프 칼 불트만(Rudolf Karl Bultman)의 영향에서 벗어나 새로운 신학들이 시도되고 있었다. 그 중 두드러지는 부분이 정치, 사회, 신학에 대한 새로운 논의였다. 이미 유럽신학은 지난 반

세기 이상 지속해왔던 실존주의에 대한 논의를 제2차 세계대전을 겪으면서 서서히 벗어나고 있었다. 그리고 1960년대에 이르러 더 이상 인간의 실존주의 신학 문제에 매여 있을 수가 없었다. 집단적인 전쟁의 참화가 그동안 '인간 그 자체'에만 관심을 집중시켰던 유아론(solipsism)적인 집착으로부터 벗어나게 한 것이다.

그리고 2차 세계대전 이후 사회발전과 회복의 과정에서 사회 전반적인 계층간의 갈등과, 지배구조와 피지배구조 간의 정치적인 갈등 문제로 생겨난 새로운 사회문제에 대해 신학이 어떻게 답변을 하느냐 하는 문제가 대두되고 있었다. 그 결과 전통적인 마르크스주의에 대한 해석과 수정된 사회주의 개념이 신학에 접목되었다.

좀더 설명하자면, 바르트의 제자이자 바르트 신학을 진보적 정치와 연계시킨 좌파적 성향의 헬무트 골비처(Helmut Gollwitzer)는 사회를 극단적으로 두 부분으로 구분했다. 사회가 '잡은 자와 잡힌 자'로 구성되어 있다고 생각한 점에서, 그의 제자인 베를린 자유대학의 프리드리히 빌헬름 마쿼트(Friedrich-Wilhelm Marquardt)와는 생각을 같이했다. 마쿼트는 《사회주의와 칼 바르트신학》(*Sozialismus bei karl Barth*, Philadelphia: The Westminster Press, 1976)이라는 책을 썼다. 마쿼트는 바르트 신학에 마르크스적인 구도를 받아들여 그의 스승과 함께 바르트 신학의 좌파적 성향을 나타내었다.

이러한 현상은 곧 바르트 신학의 좌파적 성향이 정치신학에 영향을 미치고 있었음을 나타내는 증거이기도 했다. 그리고 동시대에 하이데거(M. Heidegger)와 불트만의 본고장이었던 말부르크 대학의 신학은 주로 마르크스주의와 신학의 접목이라는 새로운 유행을 만들어 내고 있었다. 당시 독일의 학생운동은 마르크스주의를 신학, 사회과학과 정치학에 어떻게 접목시킬 수 있을 것인가에 관심을 기울이고 있었다.

하이델베르크 신과대학도 예외는 아니었다. 마르크스 사회학을 신학의 예수운동과 접목시킨 타이센(Teissen)이 있었다. 그는 후일 '신앙의 예수'와 역사적 '인간 예수'에 대한 논쟁을 이끌면서, 기독교 신앙에 반전통적인 오직 인간 예수에 대해 관심을 표명했던 북미의 신학자 그룹인 '예수세미나'(Jesus Seminar) 사람들에게 중요한 신학적인 힌트와 영향력을 제공해 주었다.

다른 한편으로, 바르트의 제자인 위겐 몰트만(Juergen Moltmann) 역시 마르크스주의의 교본이 되었던 헤겔 철학과 동독의 마르크스주의 철학자 에른스트 블로흐(Ernst Bloch)의 '희망의 원리'(Principle of Hope)를 신학적으로 접목시켜 1964년에 '희망의 신학'(Theology of Hope)을 내어 놓았다.

마르크스의 사상이 신학에 접목되는 상황은 한동안 독일신학의 유행이었다. 결국 이러한 독일 신학계의 풍토는 독일과 같은 선진국가들을 뒤따라오는 개발도상국과 후진국인 제3세계에 새로운 신학 해석을 제공하기도 했다. 이와 더불어 한국의 민중신학은 1970-1980년대에 그들이 발견한 가장 주목할 만한 관심거리였다.

그러나 문제는 독일신학이 사회주의 신학을 통해 유토피아(utopia)를 외치고 있었으나, 그리스도에 대한 신앙을 상실하고 점점 이데올로기(ideology)화 되어가고 있었다는 것이었다. 때문에 독일을 포함한 서방신학은 결국 잃어버린 신앙의 회복과 순수한 영성에 대한 접근을 갈구했고, 그 결과 성령에 대한 새로운 간구와 해석이 그 대안으로 제시된 것은 한참 후였다.

새로운 시대는 새로운 이슈를 만들어 낸다. 그리고 새로이 다가오는 시대는 새로운 신학적인 관심과 답변을 유도해 낸다. 오늘날 그리스도의 탄생 후 2000년이라는 새 밀레니엄(millennium)을 맞이하면서 뿌리까지 깊은 영적 고갈을 느낀 인간들은 새로운 영성신학을 추구하고 있다. 오늘날 신학적인 이슈 역시 이러한 요구에 부응하여 새로운 주제로 자신의 자리를 옮겨가고 있다.

이런 와중에 세계적인 목회자로서, 신학자로서 조용기 목사는 중요한 관심의 대상이 되고 있었다. 조 목사 자신은 자신의 체험과 사상이 새로운 상황에 부합되는 신학적 이슈가 되고 있는 줄은 몰랐을 것이다. 그를 독일 신학자들과 미국의 주류 신학자들이 주목하기 시작했던 것이다.

1999년 나는 새로운 박사학위 논문을 쓰기 위해 관련 주제에 관한 글들을 읽던 중, 독일 현대신학의 중심적 위치를 차지하는 몰트만 교수의 글을 읽게 되었다. 그는 분명 한국의 조용기 목사를 위대한 신학자 중의 한 사람으로 평가하고 있었다. 몰트만이 인정하는 신학자 조용기, 왠지 낯설었지만 연구를 거듭할수록, 그리고 자료들을 뒤적일수록 나 역시 그가 위대한 신학자라는 사실을 점점 깨닫게 되었다.

1995년 6월 몰트만은 조용기 목사를 만나 본 후, 자신의 소감을 이렇게 피력했다. "그는 위대한 신학자이다. 그와 나는 희망의 신학을 제시했고, 그는 깊은 통찰력을 소지한 이 시대의 탁월한 신학자 중의 한 사람이다." 이 점과 관련해, 나는 몰트만이 왜 그렇게 말했는지를 이미 그가 조 목사와 연관지어 언급한 바 있는 크리스토퍼 블룸하르트(Christopher Blumhardt) 부자(父子)에 대한 설명과 요아힘 폰 피오레(Joachim von Fiore)의 신학과의 연계를 통해서 후에 설명해 보고자 한다.

그리고 조용기 목사가 이 시대의 중요한 신학자 중의 한 사람으로 신학적 이슈를 제시해주는 또 다른 간접적인 증거가 있다. 현재 라이프치히 신과대학의 교수로 있는 피터 침머링(Peter Zimmerling)이 교수가 되기 위해 2001년 하이델베르그에서 쓴 교수자격 논문인 《카리스마 운동: 영성신학 주제와의 대화》(Die Charismatischen Bebegungen: Theologie Spirituälitische Anstösse zum gespräch)에서 가장 많이 다루고 있는 지난 세기의 영적 거장 중의 한 사람이 조 목사라는 점이다.

다시 말해, 조용기 목사의 신학사상이 독일에서 가장 전통 있는 신과대학의 교수자격 논문의 주제이자 내용이 될 수 있다는 사실은 무엇을 말해주고 있는가! 물론 오순절주의자인 침머링이 조 목사에게 관심을 가지는 것은 당연한 일일 것이다. 그러나 그가 논문에 조 목사에 대한 언급과 관련해 많은 분량을 할애하고 있다는 것은, 그가 현대신학의 새로운 중심 주제로 떠오르고 있는 영성신학의 논의를 위해 빠트릴 수 없는 중요한 인물이라는 사실임을 입증하고 있는 것이 아닌가!

그러므로 '신학자 조용기'라는 말은 결코 어색한 표현이 아니다. 1979년 즈음에 쓴, 그의 책 《사차원 영성》(4th Dimention spirituality)은 전 세계에서 1,000만 권 이상이나 팔렸다. 목회자로서의 그의 업적이 큰 나머지 다른 큰 (영)산(靈山)이 있었다는 것을 사람들이 잊고 있었을 따름이다. 그리고 그가 단지 하나님의 은혜로 위대한 사상을 가지고 있었다는 사실을 뒤늦게 알았을 뿐이다.

02 그러면 누가 진정한 신학자인가?

"가장 뛰어난 신앙의 지식은 영혼의 감격으로부터 분출되는 기쁨을 맛보는 것이며, 바로 그 경험은 참다운 신학자를 만든다"라고 루터는 말한다(Martin Luther, TR 1, nr.46). 그리고 칼빈은 이렇게 말한다. "참 믿음의 말씀은 그 말씀을 깨닫게 하는 성령의 능력에 의한 체험을 통해 능력으로 나타난다"(Inst., IV, I 1; comm, 1cor. 2:5).

종교개혁자들이 믿었던 참 목회자와 신학자의 덕목은 "기쁨을 맛보는 경험"과 "말씀을 깨닫게 하는 성령의 능력을 체험하는 것"들이었다. 이 말들보다 더 조용기 목사의 신학과 신앙에 적합한 말이 어디 있을까? 그는 지난 50여 년간 영혼의 감격을 변함없이 소지해 오고 있다는 점에서 위대한 하나님의 종이다.

그리고 성령의 체험을 통해 피부로 느껴지는 하나님의 말씀을 그처럼 생동감 있게 전해 온 목회자가 과연 얼마나 있을까? 그는 과연 루터가 말한 가슴속 내면으로부터 솟아오르는 감동과 감격을 가진 사람이었고, 또한 칼빈이 언급했듯이 참으로 성령의 능력을 체험하여 하나님의 말씀을 진정으로 믿는 사람이었다.

1970년 어느 날 나는 조용기 목사를 처음 보았다. "예수께서 납과 뼈 조각이 달린 가죽 채찍 끈에 맞아 가슴에 삼십아홉 고랑을 패이고, 피를 흘리시며 우리를 대신하여 십자가에 달리셨습니다"라고 그는 소리쳤다. 캐나다에서 부흥강사로 온 오티스 키너 목사를 모신 부산공설운동장의 대형집회에서 단지 5분 정도의 메시지였지만, 아직도 내 평생에 그때 들었던 말씀을 잊지 못한다. 그때 조 목사를 통해 들은 말씀은 찡한 감동과 깊은 도전으로 아직도 내 가슴속 깊이 남아 있다.

"하나님은 언제나 지금 여기 살아 계십니다"(Deus hic et nunc). 이 위대한 기독교의 신앙고백은 조용기 목사가 가장 많이 애용하며 선포하던 말씀이었다. 신학교를 다닐 때, 나는 가끔 여의도순복음교회의 예배에 참석할 때마다 그의 설교를 들으며 하나님을 체험하곤 했다.

조용기 목사 설교의 요지는 언제나 '살아 계신 하나님을 체험하라'는 것이었다. 조 목사는 "믿음이 없이는 하나님을 기쁘게 하지 못하나니 하나님께 나아가는 자는 반드시 그가 계신 것과 또한 그가 자기를 찾는 자들에게 상(賞) 주시는 이심을 믿어야 할지니라"(히 11:6)라는 말씀을 언제나 강조했다.

나는 살아 계신 하나님을 언제나 여의도순복음교회의 예배에 참석할 때마다 발견할 수가 있었다. 나의 교회와 나의 신앙의 터에서는 도무지 겪어보지 못한 감동을 조 목사는 전하고 있었던 것이다. 바로 칼빈이 말하던 "말씀의 생동력"(virutus)을 그에게서 느낄 수 있었다.

신학자는 단지 현재의 삶의 정황(Sitzen im Leben)과 현재의 관심만을 자신의 터전으로 삼지 않는다. 더욱이 옛 신앙인들의 신앙 고백만을 고집하여 과거에 갇히지도 않는다. 오히려 그는 과거의 신앙인들의 가르침을 통해 현재의 삶의 상황을 자신의 새로운 신앙고백으로 날마다 재정립하는 것이다. 그리고 참 신학자는 교회로 하여금 모든 시대 앞에서 하나님의 다가오심을 희망으로 전해야만 한다.

조용기 목사는 바로 그런 사람이었다. 왜 몰트만이 조 목사를 위대한 신학자라고 했는지를 밝힐 수 있는 대목이다. 1999년 그는 자신의 신학에 대한 설명으로 《신학의 방법과 형식》(Wege und Formen christliche Theologie)이라는 글을 쓴다. 여기서 그는 "신학자는 현재의 삶에 대해 답변하시는 하나님에 대해 진술하는 자이며, 또한 하나님의 다가오심에 대한 답변과 희망을 제시하는 자"인 것을 분명히 한다.

몰트만이 본 조용기 목사는 위대한 신학자가 반드시 가져야 할 두 가지 덕목을 분명 가지고 있었다. 위대한 신학자는 교인과 교회의 현재의 삶에 대한 하나님의 구원의 답변을 분명히 제시해 주어야 한다. 그리고 그리스도인의 삶에 분명히 다가오시는 희망의 하나님을 제시해 주어야 한다. 이 두 가지의 요건을 몰트만이 본 조 목사는 다 갖추고 있었던 것이다.

조용기 목사의 '예수님이 우리를 위해 십자가에서 피를 흘려 죽으셨다'고 하는 전통적인 '십자가 신학'의 강조는 신학자로서의 첫 번째 요건과 자격을 충족시키는 것이라 할 수 있다. 조 목사의 신앙고백의 처음부터 마지막까지를 관통하고 있는 십자가 구속에 대한 강한 강조는, 조 목사가 정통복음주의 목회자이며 신학자로서 십자가 신앙에 얼마나 자신의 믿음의 뿌리를 깊이 내리고 있는가를 알 수 있다.

그리고 둘째로 조 목사는 훌륭한 신학자들만이 지닌 덕목인 '자기 시대에 걸맞은 자기만의 신앙고백'과 '자기만의 신학'을 소지하고 있었다. 그는 절망의 세대에 희망이라고 하는, 현재의 물음에 답변하는 '희망의 신학'을 언제나 설교해 왔기 때문이다. 이 점이 바로 몰트만이 그를 위대한 신학자로 지칭한 이유이다.

몰트만은 자신이 볼 때, 성령의 체험과 다가오시는 하나님의 개입 및 간섭을 중요한 신앙고백으로 가지고 있는 조용기 목사의 신앙의 확신은 하나님만이 인간이 지닌 모든 육체적 정신적 영적 문제들을 해결할 수 있다고 믿는 "희망의 신학" 그 자체였다. 즉 몰트만은 조 목사의 희망의 신학이야

말로 자신이 처한 시대에 걸맞은 자기 신앙고백과 자기 신학을 통해 얻어진 위대한 신학사상이라고 생각한 것이다.

몰트만은 2차 세계대전 중 포로수용소에서의 수감생활과 독일의 패전을 통해 삶의 깊은 좌절과 절망을 체험했다. 그런 그에게는 절망에 대한 희망의 답변이 필요했다. 성경 속에서 자신의 처지를 발견하고 또한 자신의 고통에 함께하시는 예수를 발견하고, 몰트만은 그 희망의 답변을 기독교의 신학과 역사를 통해서 얻으려고 했다.

조용기 목사의 삶의 여정 역시 우울했다. 조 목사는 과거 한 시절, 질병과 가난이라는 좌절과 절망을 희망으로 극복해야만 했다. 몰트만에게는 자신이 마지막 출구로 찾았던 기독교의 신학과 역사에 대한 이해가 희망으로 해석되어야 했지만, 조 목사에게는 성령의 체험과 하나님에 대한 기대감, 소위 하나님에 대한 믿음 그 자체가 희망으로 해석되었다. 몰트만과 조 목사는 희망을 갈구했다는 점에서 희망을 기다리는 사람들이었다. 그리고 그들이 만난 진정한 희망은 자신들의 삶에 다가온 예수 그리스도 그 자신이요, 곧 하나님 자신이었다.

Part 02

몰트만 신학과 조용기 신학의 만남

몰트만 신학과 조용기 신학은 "오늘 우리에게 그리스도는 누구인가"라는 물음을 통하여 서로 만난다. 양자의 신학은 자신들의 개인적인 경험을 통하여 오늘을 '절망의 세대'라고 정의를 내린다. 그리고 그 절망 가운데 그리스도는 구세주가 된다.

몰트만은 1945년 그의 비참했던 개인적인 경험으로부터 자신의 신앙과 신학을 시작한다. 독일제국의 몰락과 벨기에의 포로수용소에 갇혀 절망을 맛보아야만 했던 좌절로부터 몰트만은 자신의 신앙과 신학에 질문하기 시작한다. 그리고 그에게 그리스도는 곧 자신을 좌절과 절망으로부터 일으켜 줄 유일한 근거이자 이유가 된 것이다.

조용기 목사의 신학 역시 동일한 지평(地平)에서 시작되었다. 개인적으로는 어릴 때부터 자신을 죽음의 절망으로 몰아넣었던 폐병이라고 하는 질병과 가난과 고통에 대한 답변으로 그리스도는 그에게 구주가 되었다. 그리고 그는 6 · 25 한국전쟁 전후의 가난과 질병을 동반한 민족적인 절망을 보면서, 자신이 그리스도 안에서 얻은 희망의 복음을 전해야 하리라는 새로운 사명의 장을 발견하게 된다.

신학자 몰트만과 조용기 목사는 절망의 세대에 희망이라는 메시지와 신학을 전한 희망의 전도사들이었다. 그들에 대해 극동방송 사장인 김장환 목사는 이렇게 말한다. "조용기 목사는 6 · 25전쟁 이후 희망이 보이지 않았던 시대, 독재정치와 경제의 어려움 속에 신음하던 민초들에게 희망을 선포하고 하나님 나라에 대한 소망을 심어 주었다. 그리고 몰트만은 2차 세계대전의 패망의 잿더미 속에서 희망의 메시지를 선포했다. 결국 그들은 한 나라를 뛰어넘어 전 세계에까지 영향을 미친 희망의 리더였다"(김성국, 백기복, 최연 공저, 《CEO 조용기》, p. 5).

01 절망을 넘어서

몰트만 신학과 조용기 목사의 목회철학은 자신들의 세대에 일어난 절망과 좌절을 극복하기 위한 몸부림으로 희망을 갈구하면서 시작된다. 2차 세계대전을 통해 패전국이 된 독일과 포로가 된 몰트만 자신의 이야기는, 6 · 25 한국전쟁의 참화 속에서 생계를 겨우 이어가고 있는 나라의 현실 속에서 가난하고 죽을병에 걸린 젊은이가 출구를 찾지 못해 울부짖는 상황과 비교되는 일이었다. 그런데 그들 각자는 절망을 넘어서 희망을 마침내 찾게 된다. 그리스도 신앙 안에서 예수를 통해 희망을 발견한 것이다.

몰트만은 자신의 이야기를 이렇게 술회하고 있다. "1945년 나는 벨기에의 한 비참한 포로수용소에 있었다. 독일제국은 무너졌고, 독일의 문명은 아우슈비츠(Auschwitz)의 육백만 유대인 학살 때문에 망가졌다. 나의 고향 함부르크(Hamburg)는 폐허가 되었다. 그리고 내 자신의 처지는 하나님과 사람들로부터 버림받았다는 비참함 속에 있었고, 나의 젊은 시절의 희망은 물거품처럼 사라졌다. 나는 내 앞에 아무런 희망도 발견할 수 없었다. 이러한 처지에서 나는 한 미국인 군목으로부터 성서를 얻어 읽었고, 구약의 한 탄원시가 내 인생을 바꾸었다"(Wer ist Christus für uns heute? von Jörgen Moltmann von Gütersloher Verlagshaus, 2001의 서문에서).

몰트만이 읽었던 구약의 탄원시는 시편 39편의 기사였다. "입을 다물고 벙어리 되어 가만히 있으려니 아픔만 더욱 쓰라립니다……조상들처럼 나 또한 당신 집에 길손이며 식객입니다"(시 39:2, 12, 공동번역).

몰트만은 자신의 절망을 구약의 한 탄원시를 통해서 바라보았다. 자신의 고통의 공간을 시편의 기사를 통해 발견했기 때문이다. 그리스도 신앙은 한 인간의 고통과 함께하는 모습으로 자신을 드러낸다. 곧 이어 몰트만은 예수의 고통 속에서 자신의 고통을 발견한다. "엘리 엘리 라마 사박다니"(시 22편 1절), "하나님, 하나님 왜 나를 버리시나이까", 예수가 다윗이 죽은 아들을 생각하며 부르짖었던 고통의 절규의 말을 인용하신 것이다.

그 말은 바로 자신의 절규가 아닌가! 몰트만은 고통당하며 시련을 느끼며 하나님께로부터 버림 받은 예수를 이해하기 시작했다.

그런데 그것은 아들만의 고통이 아니라 아들을 죽음으로 보내야만 하는 하늘 아버지의 고통이기도 했다. 몰트만은 곧 자신과 함께 고통을 나누고 있는 예수의 종교가 자신의 삶의 한 자리(Sitzen im Leben)에 들어와 있음을 깨달았다. 예수가 고통을 당하는 자들과 함께, 그리고 그들을 위해 십자가에 죽고 또한 부활함으로써, 모든 고통당하는 이들에게 희망을 가져다 주고 있지 않은가! 이것이 몰트만이 예수를 통해 희망을 발견한 요지였다.

조용기 목사에게도 비슷한 삶의 경험이 있었다. 일제의 36년간 침탈과 해방 이후 북한의 남침전쟁으로 가난과 고통은 일상이 되어 있었던 시절, 조 목사의 삶도 몰트만이 경험한 절망의 세대와 결코 다른 것이 아니었다. 조 목사는 가난이 몰고 온 고통에 설상가상(雪上加霜)으로 18세에, 당시는 오늘날의 암에 비길 수 있는 결핵에 걸렸다. 오늘날 결핵은 큰 병에 해당되지 않지만 가난한 후진국이었던 당시 우리나라 사정에서는 심각한 치사율을 나타내는 질병이었다.

조 목사가 폐병으로 시달리던 18세 때를 회고한 것을 보면, "어느 날, 살고 싶은데 너무도 아프고 고통스러워 하늘에다 대고 통곡을 하면서 소리쳤습니다. '대명천지(大明天地)에 계신 하나님, 하나님이 계시마 낼 좀 살려 주이소. 내는 죽기에는 너무도 억울합니더. 내가 매일같이 불경을 소리 내서 읽어도 도대체 부처님은 어디 가고 아무런 대답도 없십니더. 만약 하나님이 계시마 제발 낼 좀 살려 주이소"라고 말했다고 한다(《여의도의 목회자》, 국제신학연구원편, p. 163).

그런데 조용기 목사는 폐결핵을 계기로 예수를 믿게 된다. 이웃 누나의 친구로부터 전해 받은 복음으로 점점 신앙이 생겨났고, 마침내 예수님을 만나는 체험을 통해 병에서 치유를 받게 된다. 조 목사는 3일 금식기도를 하던 중 신비한 체험을 통해 주님을 만나게 된다. 그의 고백이다. "이렇게 굶어 가면서 기도한 지 사흘째 되는 날 새벽 2시쯤 갑자기 방 안에서 불이 붙어서 불기둥이 천장으로 솟구쳐 올라가고 있었다. '아이고, 이젠 죽었구나' 싶어서 일어나 도망을 치려고 하는데 온몸이 방바닥에 붙어서 일어날 수가 없는 거예요. 그래서 '사람 살려라'고 고함을 지르고 싶은데 입에서 말이 나오질 않아요. 그런데 갑자기 연기가 싹 사라지더니 한 사람이 흰 옷을 입고 서서 왼손은 가슴에 얹고 오른손은 하늘을 가리키고 있어요."

조용기 목사는 예수님을 만난 것이었다. 예수님은 조 목사에게, "부귀영화는 금방 잿더미가 되고 만단다. 복음을 전하는 데 너의 일생을 바쳐라. 내가 네 폐병을 고쳐 줄 테니 평생 나의 종이 되겠느냐?"라고 말씀하셨다고 한다. 조 목사는 즉시, "예, 저를 고쳐 주시마 평생 종이 되겠심니더"라고 말했다고 한다(《여의도의 목회자》, pp. 194-195).

그러한 일이 있은 후, 조용기 목사는 자신의 삶을 위협하는 모든 좌절을 신앙으로 극복하게 된다. 그리고 그는 자신이 희망의 전도자가 되어 희망을 잃어버린 절망적인 사람들에게, 구원의 감동과 감격을 그리스도 예수를 통해서 얻었고, 또한 그 예수를 통하여 모든 성경 말씀을 그대로 믿게 되었다는 것을 전한다.

"저는 희망을 이야기했습니다. 저는 어려서 매우 가난하게 살았고, 가난에 한이 맺혔습니다. 처음 교회를 개척한 것도 서울 은평구 대조동의 판자촌이었습니다. 전부 가난한 사람들이었어요. 그래서 천당 지옥 이야기보다는 용기와 희망을 설교하려고 애썼습니다. 부자 교회 못 가고 우리 교회 온 가난한 사람들이 용기와 희망을 얻고 위로를 받은 것이 제게 큰 힘이 되었습니다"(2010. 6.20, 조선일보 인터뷰)라고 조용기 목사는 술회하고 있다.

몰트만과 조용기 목사의 삶과 고통은 좌절과 낙심 그리고 절망이 만들어 놓은 포물선 위에 동일한 접촉점을 가지고 있었다. 그들은 독일 전후 작가 하인츠 뵘(Heinz Boehm)이 쓴 《절망의 세대》(*Die Generation der Hoffnungslössen*)에 나오는 전형적인 모델이기도 했다. 그런데 그들의 절망은 예수 그리스도를 만나면서 희망으로 바뀌었다.

02 경험과 신학

"개인의 경험은 그 자신이 고백하는 모든 신학적인 사태(Sache)의 전에 존재한다." 몰트만의 말이다. 또한 그것은 조용기 목사의 신앙을 대변해 주는 말이기도 하다. 몰트만과 조 목사는 삶의 좌절과 절망에서 그리스도 예수를 만나는 종교적인 경험을 통하여 절대적인 희망을 찾았다. 그리고 종교적인 경험은 지식으로 다가온 모든 전통적인 고백을 자신의 경험의 틀을 통해 이해하도록 하였다. 아니 오히려 자신만의 새로운 신학을 창조하도록 하였던 것이다.

오랫동안 정통신학은 개인의 종교적인 경험이 신학을 형성하는 요소가 될 수 있다고 생각하지 않았다. 동방교회가 '하나님과의 개인적인 신비 체험을 통한 만남'(Unio cum Mystica)을 강조해 왔던 것에 비해, 서방교회는 '오직 성경 말씀'(Sola Scriptura)만을 강조하는 틀 안에서 신학을 형성해 왔다. 그런 결과로 개인의 종교적인 경험은 약화되었고, 체험은 신학을 형성하는 원리로 결코 받아들여질 수 없는 것이 되고 말았다.

그런데 우리는 많은 기독교의 성자들을 통해 개인적인 '그리스도와의 만남'(Unio cum Christio)이 그들의 신학을 형성하고, 또한 그들의 신앙을 만들었음을 잘 알고 있다. 사도 바울, 어거스틴, 루터, 칼빈 그리고 웨슬리, 이 모든 사람들에게 종교적인 체험은 그들의 신학이 형성되기 이전의 사태로, 오히려 그들의 신학을 만들어 내는 동인이 되었다.

서구 신학의 역사를 살펴보면, 19세기 말에야 비로소 개인의 경험도 신학 형성의 원리가 될 수 있음을 밝히고 있다. 금기로 여기던 것을 네덜란드의 위대한 칼빈주의자 헤르만 바빙크(Herman Bavinck) 박사가 "경험도 신학을 형성하는 데 중요한 원리가 된다"는 말을 함으로써 그 가능성을 열어 놓았다. "그리스도를 만나는 개인의 경험은 이차적인 자료로서, 가장 중요한 성경 말씀과 더불어 신학의 원리가 될 수 있다"라고 그는 재차 언급한다.

바빙크 박사는 자신의 말을 통해 19세기 말과 20세기 초 새로이 일어나고 있었던 당시로는 이단으로 간주되었던, 웨슬리언 부흥운동과 초기 오순절운동의 가능성을 열어 놓고 있는 것이다.

되돌아보면 하나님과 만나는 특별한 경험이 신학의 원리로 완전 배제된 것은 아니었다. 종교개혁자 루터는 하나님과의 만남의 경험 엑스터시(extasis, spur)가 없다면 진정한 목회자도 신학자도 아니라고 말한다. 칼빈 역시 신앙적인 경험을 강조한다. 그가 《기독교강요》(*Christianae Religionis Institutio*)를 썼을 때, 자신의 책이 단지 신학적인 지식을 위한 것이 아니라 '경건한 경험'(pieta experiencia)을 위해 쓴 것임을 분명히 밝히고 있다.

그 후 종교개혁자들 이후 소위 후기 스콜라 신학(Post-Schola Theology)이 지배하던 시대에 신앙의 경험은 거절되었다. 그리고 오직 교회의 교리와 신조만을 강조하는 사변적인 신학(The Speculative Theology)만이 지배하던 시절이 제네바 신학의 주창자였던 베자(Beza)의 신학으로부터 프린스턴(Princeton)의 워필드(B. B. Warfield)에 이르기까지 계속되었다.

그런 분위기 속에서도 19세기 말 네덜란드의 정통 칼빈주의자들 중에는 장로교가 단지 복음의 능력과 하나님과의 개인적인 만남이라는 신비적 체험을 상실한 채, 오로지 사색의 종교로 전락하며, 교조적인 종교로 전락하는 것을 우려하고 있었다. 헤르만 바빙크는 물론이거니와 하늘로부터의 직통계시의 체험을 부인했던 아브라함 카이퍼(Abraham Kuyper) 박사마저도, "아직도 하나님에게는(하늘로부터 직접적으로 역사하는) 얼마간의 수직적인 은사들은 남아 있고, 우리는 그 하나님의 은사를 체험해야만 한다"고 주장했다. 그가 은혜를 사모하여 영국까지 가서 종종 D.L. 무디의 설교를 들었다는 사실은 이미 잘 알려진 사실이다.

몰트만의 신학과 조용기 목사의 신앙은 지식 전달이나 사색을 위한 교조신학으로부터 출발한 것이 아닌, 극한 삶의 위기 속에서 하나님과의 만남이라는 바로 개인적인 경험을 통해 형성되었다.

다만 몰트만과 조용기 목사의 그리스도 예수를 경험함에는 내용상의 차이가 있다. 즉 몰트만의 경험은 좌절과 절망을 통해 고백된 유대인들의 절규로부터 자신과 자기 민족의 비참한 모습을 발견하고, 또한 그들의 고통에 친히 동참하고 있는 예수를 통해 위로와 삶의 용기를 얻으며, 급기야 죽을 수밖에 없는 인간의 죄의 성질을 십자가에서 극복하는 예수와 마침내 부활하여 사망을 극복하고 새 생명의 힘을 부여하는 부활의 주를 통해 희망을 발견하고 있다.

그런데 조용기 목사의 그리스도 예수를 경험함은 훨씬 개인적이며, 신비적이기도 하다. 생사(生死)의 기로에서 '자신에게 나타나신 그리스도 예수'를 통해 조 목사는 구원을 체험한다. 이는 사도시대 이후로 서방신학에서는 낯선 사건에 해당한다. 곧 이해하기가 힘들거나 혹은 결코 긍정적으로 평가될 수 없었던 신비적인 체험의 일부이기 때문이다.

그래서 몰트만은 조용기 목사의 신앙과 신학의 출발이 자신과도 같다는 것을 인정하면서도, 때때로 조 목사가 신비주의적인 신학 성향을 가지고 있는 것으로 간주한다. 그가 조 목사를 13세기 신비주의자 요하임 폰 피오레(Joachim von Fiore)와 연계시킨 것도 그 때문이었다. 그가 생각하기에 조 목사는 신비적 체험을 강조했던 점과 역사의 종말론적 심판을 기다리고 있었다는 점에서, 피오레와 같은 신비주의적인 경향성을 가진 인물이었다.

하지만 몰트만의 조용기 목사에 대한 평가는 서방신학의 틀로 본 오해이자, 오히려 아시안들의 신앙과 연계된 한국인들의 신앙 색깔을 오해한 서방신학이 지닌 결점을 드러내는 일이다. 조용기 목사의 경험은 오히려 기독교를 믿는 한국인들의 종교적인 색깔을 대표하고 있다고 할 수 있다.

서방신학과 독일신학이 자신들의 삶의 극단에서 그리스도 예수를 경험했다는 것은 자신들의 이성적인 수용 내지는 실존적인 경험(existential experience)을 통해 그리스도를 이해했다는 말이다. 이 말은 인간이 지닌 지성(知性), 감정(感情), 의지(意志)의 세 요소 중에 인간의 이지적인 지성을 가장 중요한 가치로 생각하고, 그리스도 예수를 완전한 것으로 간주하는 지성적 인식(知性的 認識)을 통해서 경험하고 수용한다는 것을 의미한다.

서방신학에서 그리스도와의 지성적인 만남은 단지 사고 속에서 그리스도를 이해하는 것에 불과한, 즉 사변적(思辨的)으로 치우치는 경향 때문에, 19세기 말의 오스트리아와 독일신학은 그리스도와 좀더 가까운 개인적인 만남을 강조하게 된다. 프로이드(Freud)와 동시대 그리고 스위스 정신과 의사 루드비히 빈스방거(Ludwig Binswanger)는 환자와의 인격적인 관계를 통해 '인격적 개인적 실존주의'(personal individual existentialism)라는 모델을 선보였다. 그의 사상은 후일 마르틴 하이데거(Martin Heidegger)의 사상에 깊은 영향을 미치게 된다.

그리고 오스트리아 빈(Wien)에 살았던 마르틴 부버(Martin Buber)는 서구의 사색 위주의 신학적 사고의 한계를 인격적 실존주의를 통해 극복해 보려고 시도한다. 그의 "나와 너"(Ich und Du)는 인격적인 신과의 만남이라는 주제를 통해 새로운 유대 기독교적인 신학적 해석을 내어 놓았다.

기독교 실존주의의 창시자 키에르케고르(Kierkegaard)가 지적한 것도 바로 이러한 문제였다. 서방신학은 사변적이며 관념적인 틀을 극복해보려는 이러한 시도와 함께, 현대 실존주의 신학의 근간이 되는 인격적 실존주의 신학(personal existential theology)이 19세기 유럽에 나타나고 있었다. 그러나 여전히 그리스도와의 신비적인 만남을 강조하는 동방신학이나 한국 기독교의 선교 초기부터 기도를 통한 신비적인 경험들이 다반사로 나타나고 있었던 한국적인 신앙을 이해하는 데에는 한계가 있었다.

그러므로 몰트만의 신학이 관념적이고 사변적인 독일신학의 한계를 넘어 그리스도와의 만남이라는 개인적인 경험을 강조하고 있다고 해도, 역시 서구신학의 한계를 벗어나지 못한다. 문제는 사도시대 이래로 이지적인 신앙, 즉 '지성에 호소하는 신앙'(Fides querens intellctum)을 최고의 가치로 삼았던 중세와 개신교 정통신학은 결코 이러한 한계를 넘어서려 하지 않았다는 것이다. 오직 신비적인 경험은 복음의 효과적인 전달을 위해 사도시대에서만 나타난 초대교회의 전유물로 여겼기 때문이다.

이것은 오랜 기독교 역사를 통해 지속적으로 내려온 편견과도 결부된 오해였다. 실상 학문적인 가치만을 숭상해 왔던 서방신학의 신학적 오류는 20세기에 들어와서야 문제시되었다. 체험 없는 사유로만 공허해진 서방신학이 비로소 '하나님과의 만남'이라는 체험을 강조하는 동방신학으로 눈을 돌리게 된 것도 이와 함께 나타난 영향 때문이었다.

그런데 불행한 것은 이러한 전통을 이어가고 있었던 현대 독일신학의 영향을 받은 모든 부류들과 오히려 자유주의를 고수하던 독일신학의 건너편에 서서 보수적인 태도로 일관하던 모든 정통 복음주의 신학조차도 은사종결론을 주장하던 종래의 신학적인 편견을 결코 극복하지 못했다는 것이다. 그 이유는 종래의 모든 신학이 체험 없는 학자들 중심의 스콜라주의에 의해 주도됨으로써, 모든 신비적인 체험과 계시적인 사건들은 오직 사도시대로 끝났다고 주장되었기 때문이다.

그러므로 단지 우리가 체험할 수 있는 계시적인 경험이란 오직 성경 속에 나타나는 사건들과 그들의 정신세계, 즉 실존(Da-sein)이라고 하는 성경 저자들의 존재(Sein)의 경험들이 나타나고 있는 공간(Da)의 사건이, 현재 나의 삶의 실존의 경험을 통하여 다시 한번 음미된다는 것을 의미했다.

우리는 이것을 신학적인 용어로 '해석'(interpretation)이라고 한다. 곧, 성경 속에 나타난 어떤 사건의 의미(meant)가 현재 나의 삶에 어떠한 의미(mean)로 받아들여질 수 있느냐고 하는 질문에서 얻어진 대답이 곧 우리의 신앙의 공간이다. 그렇다면 오늘날에도 역사하는 하나님과의 직접적인 만남, 즉 현재적 성령 체험을 강조하는 신학은 단지 과거의 의미만을 현재적으로 해석하는 데 신앙의 초점을 두고 있어서 도무지 자유주의나 보수주의 진영 그 어느 쪽에서도 자리를 차지할 공간이 없게 된다. 불행한 일이 아닐 수 없다!

결국 유럽의 정통주의자들이 그리스도를 만났다고 하는 것은 성경 속의 실존적 경험이 나의 실존적 경험으로 '그렇게 다시 경험됨'(So-sein)이라고 하는 반복적인 확인, 그 이상은 결코 아니었다. 이것이 서구신학에서 말하는 '그리스도 예수를 만남'이었다.

조용기 목사의 '그리스도를 만남'은 매우 개인적이며 신비적인 것이었다. 개인적인 신비 체험은 부정적인 것만이 아닌, 오히려 동양적 가치와 한국인들의 신앙적 가치를 포함하고 있는 개별적인 신앙적 방향성을 뜻하는 것이다. 또한 현재 그리스도와의 개인적인 만남이란 사건이 단지 과거의 사건의 틀 안에서 축소되어 이해된다는 것은 결코 바람직한 일은 아니다.

그러므로 개인의 현재적인 신비 경험을 부정적으로만 이해했던 과거의 기독교 역사가 옳은 것만은 아니다. 결국 서방신학자들이나 한국의 오순절 교파와 체험을 강조한 교회들을 제외한 대부분의 보수주의 정통신학자들과 교회들이 조 목사의 신학과 그의 신학 자체를 부정적으로 이해해 왔던 것은 자신들의 신학의 한계 때문이라고 생각해 볼 수 있다.

적어도 우리는 한국 기독교인들의 신앙과 신학이 구미(歐美)로부터 먼저 유입된 합리적인 신학적인 지식이 전달되고 난 그 이후에 형성된 것이 아님을 잘 알고 있다. 오히려 우리의 신앙은 하나님을 경험하고 찾아가는 데서부터 시작되었다. 보따리장사를 하는 아버지로부터 성경을 받아 읽던 중 소명을 받아 최초의 개신교 신자가 된 백홍준이 1874년 중국에 있던 스코틀랜드의 로스 선교사를 찾아가 세례를 받고, 교회의 가르침을 받은 예만 보더라도, 우리 한국인의 신앙은 이론적이기보다는 훨씬 감성주의적이라 할 수 있다.

초기 우리에게 신앙을 전해준 19세기 말의 많은 서양 선교사들 역시 신학 그 자체보다는 체험 위주의 성격을 대부분 지니고 있었음을 간과해서는 안 될 것이다. 1904년 원산과 1907년 평양에서 한국의 초대 기독교 부흥운동이 시작된 당시, 최초로 부흥의 불길을 지폈던 감리교 선교사 하디는 이미 영국 웨일즈 성령운동의 역사를 체험하고 있었다. 그것을 조선이라고 불리던 한국의 원산과 평양에 옮겨 심었던 것이다.

지난 한국의 기독교 역사를 보면, 암울했던 역사를 통하여 토굴에서 기도하고 금식하며, 수많은 신비 경험을 통해 신앙을 세워 나갔던 부흥사들의 토대 위에 서 있다.

그리고 한편으로 서양 선교사들로부터 받은 우리의 신앙이 특별 교파의 신학과 교리만을 강조한 나머지 극히 지성적이거나 의지적인 면만을 강조하는 서구신학의 틀을 채 벗어나지 못했다고 할지라도, 한국 개신교 초기부터 있었던 부흥운동은 결코 오늘날 서구신학의 입장만을 고집하며, 합리적인 사고만을 주장하고 있는 신학자들이나 그들의 신학만으로는 다 평가할 수 없는 많은 부분들이 있었다.

그럼에도 불구하고 구미의 신앙적 편견은 오직 개인의 종교 경험을 부정적인 것으로만 이해하려 했다. 18세기 이래의 웨슬리 부흥운동, 조나단 에드워드(Jonathan Edward)와 찰스 피니(Charles Finny)에 의한 1·2차 대각성 운동, 찰스 파함(Charles Parham)과 윌리엄 시무어(William J. Seymour)에 의한 초기 오순절운동, 1960년 이래 각 교파를 초월하여 전개된 카리스마 운동, 그리고 아직도 그 불이 꺼지지 않고 있는 피터 와그너와 그 제자들에 의한 '기적과 이적'(Miracle and Wonder)이라고 하는 모든 영성운동은 단지 신비적 경험만을 외치는 신학이 없는 신비주의의 일종으로만 여겨져 왔다.

이미 각 부흥운동들이 정통 기독교 복음주의 안으로 편입되고 수용된 지 오래지만, 그들은 여전히 역사적으로 정당한 인정을 받지 못하고 있다. 분명 체험 위주의 성령운동이 다 옳은 것은 아니지만, 전 세계적으로 이해되고 정착되기까지는 아직도 넘어야 할 산이 많이 남아 있다.

03 답변하시는 하나님

몰트만 신학과 조용기 목사의 신학은 우리의 삶의 문제에 답변하시는 하나님으로부터 출발하고 있다. 하나님이 우리의 삶에 개입하심으로써 경험하게 되는 사건이 곧 그들에게는 구원의 의미였다. 그리고 그것이 또한 현재의 절망을 극복하게 하는 희망이기도 했다. 이로 인해, 개인과 세계에 개입하시는 그리스도 예수를 발견한다.

그리하여 몰트만은 예수를 하나님 나라를 몰고 온 한 인격적인 분으로 정의한다. 예수는 곧 인격으로 온 하나님의 나라(Reich Gottes in Person), 그 자체라는 말이다. 조용기 목사는 후일 몰트만처럼 '하나님의 나라'와 예수를 연계(連繫)하는 용어들을 사용하고 있지만, 오히려 초기에는 장로교의 영향으로 하나님의 주권 혹은 섭리를 강조했다.

실상 몰트만은 하나님의 나라(혹은 통치)라는 말보다 주권이나 섭리라는 말이 오히려 더 적절한 표현이라고 생각한다. 주권(Sovereignty)이라는 말은 네덜란드의 칼빈주의자들, 아브라함 카이퍼나 바빙크 그리고 카이퍼의 제자이자 유명한 법철학자 헤르만 도이베르트(Herman Dooyeweerd)에 의해 19세기 말부터 자주 사용되었지만, 조용기 목사는 장로교의 박형용 박사로부터 주권, 예정, 혹은 섭리라는 말들을 개인적인 만남을 통해, 그리고 그의 글들을 통해 배웠던 것 같다.

그럼에도 불구하고 주권이나 예정이라는 말은 당시 한국 기독교의 일반적인 영향(장로교) 아래 초교파적으로 쓰이고 있었던 말이었다. 그러나 조 목사 자신에게 그 말들은 일상적인 기독교 용어가 아닌 자신의 신앙과 신학을 대변하는 말이기도 했다.

몰트만에게 자신의 삶과 세계의 절망 안에 개입해서 함께하시는 그리스도는 곧 희망과 구원의 의미였다. 예수의 비유를 통해 나타난 잃어버린 자를 찾음과 죄로 상실된 존재감의 회복, 또한 모든 속박으로부터의 자유함 등은 몰트만에게는 곧 그리스도인 존재를 향한 생명의 충만으로 이해된다. 그것은 조용기 목사에게서도 마찬가지였다.

조 목사가 "도둑이 오는 것은 도둑질하고 죽이고 멸망시키려는 것뿐이요 내가 온 것은 양으로 생명을 얻게 하고 더 풍성히 얻게 하려는 것이라"(요 10:10)는 성경을 자주 인용하는 것도 같은 맥락에서이다.

특별히 몰트만은 하나님의 인격적인 개입을 병자를 찾아 고치시는 모습을 통해 확인한다. 그것은 곧 몰트만이 이해하는 하나님 나라가 드러난 전형적인 모습인 것이다. 병자와 예수의 상관관계 속에서 하나님의 나라는 역동적으로 활동하고 사역된다. 몰트만은 그 하나님의 나라를 오히려 예수가 몰고 왔으면서도, 하나님의 영인 성령은 주체가 되어 예수 자신까지도 객체적으로 함께 끌려가게 한다.

이것은 성령을 새로운 개념으로 도입하여 20세기 정통신학의 한계를 극복하려는 몰트만의 생각으로부터 비롯된 것이지만, 그것은 오히려 자신의 개인적인 성령에 대한 체험과 신학, 즉 오순절 신학의 경험과 동일한 지평 위에 서 있는 조용기 목사에게는 결코 낯선 개념이 아니었다. 오히려 조 목사는 몰트만이 찾고자 하는 그곳에 이미 가 있었던 사람이었다.

궁극적으로 언급하면, 몰트만 신학과 조용기 신학은 절망 속에서 그리스도 예수를 만나는 경험을 통해 희망을 발견한다. 그리고 예수의 경험은 그들 두 사람에게는 결코 우리의 세계가 지니고 있었던 경험이나 고통과 동떨어진 피안적인 것이 아니었다.

이 점에 대해서 조용기 목사의 신학은 자신을 형성한 오순절 신학의 종말론에 대한 강조로 인해 몰트만의 신학보다는 훨씬 내세적(來世的)이고 피안적(彼岸的)이지만, 그러나 또한 오순절의 치유신학과 자신이 스스로 창안한 축복 개념을 통해 복음이 결코 피안적인 것만이 아닌 지상적인 요소를 가지고 있음도 강조한다. 또한 다른 각도로 1994년 몰트만을 만난 이후 조 목사는 자신의 신학적 이해를 사회적이며 범세계적인 기독교 활동을 통한 사명으로 발전시켜 오고 있다.

이후의 장들에서는 몰트만이 조용기 목사를 연상하며 인용하고 있는 크리스토퍼 블룸하르트(C. Blumhardt) 부자의 체험담이 언급될 것이다. 그리고 미국 풀러신학교의 위대한 스승 조지 래드(George Ladd)의 '하나님의 나라의 신학'(The theology of the kingdom of God)을 통해 조 목사의 신학 내용을 조명하려 한다. 그다음으로 라이프치히 신과대학의 피터 침머링 교수의 조용기 목사 성령론 비평에 대한 평가와 현대 오순절 신학과 조용기 신학의 연관성을 언급하게 될 것이다.

그리고 마지막으로 아직도 발전적이며 열린 체계를 지닌 조용기 신학이 어떻게 오순절 신학을 새롭게 해석하고 발전시키고 있는지 그 평가와 비평이 함께 언급될 것이다.

Part 03

크리스토프 블룸하르트(C. Blumhardt) 부자와 조용기 목사

몰트만이나 조용기 목사는 인간의 궁극적 희망의 근원을 신앙과 그 신앙의 대상이 되는 하나님으로 삼는 데 동의했다. 그런 점에서 크리스토퍼 블룸하르트 부자는 그들의 전형적인 모델로 언급될 수 있는 사람들이었다. 몰트만은 블룸하르트 부자에 대한 언급을 통해 이들을 조용기 목사의 신학과 일치시키기를 원한다.

몰트만이 블룸하르트 부자를 조 목사의 신학과 신앙에 비교한 것은 서로 간의 유사성 때문이기도 하지만, 블룸하르트 부자나 조 목사 양쪽 모두 성령의 오순절적인 체험을 통하여, 곧 희망을 불러일으키시는 하나님을 자신들의 신학의 출발점으로 삼고 있었기 때문이다.

01 크리스토프 블룸하르트(Christoph Blumhardt) 부자(父子)

2004년 9월 몰트만은 한국 강연을 통해 조용기 목사를 크리스토프 블룸하르트 부자와 비교해서 설명한다. 왜냐하면 크리스토프 블룸하르트 1세와 그의 아들 크리스토프 블룸하르트 2세 사이에서 발견되는 신학적인 긴 여정이, 조 목사의 50년 성역을 통해 나타나는 신학적 사고 발전의 전 과정에 그대로 재현되고 있기 때문이다. 몰트만은 바로 이 점을 잘 알고 있었다. 그러므로 그는 조 목사의 신학을 블룸하르트 부자의 신학에 비교했던 것이다.

다시 말해, 18세기 최초의 독일교회의 성령운동의 시초로 여겨지는 블룸하르트 1세의 축사 사건의 경험과 성령의 능력에 의한 치유사역의 단계가 조용기 목사의 전성기 능력 사역과 그 기간에 그대로 재현되고 있었던 것이다. 그리고 '하나님이 이 세상 안에 살아 역사하고 계신다'는 신앙 아래, 아버지 블룸하르트의 신앙은 아들 블룸하르트에게는 사회 실천적인 헌신운동으로 전개되었다.

한 인간의 영혼과 육체의 문제에 개입하시는 하나님에 대한 발견은, 마침내 아들 세대에 가서는 인간들의 집단인 사회에도 하나님이 개입하고 계신다는 확신으로 자연스럽게 계승되었던 것이다. 공교롭게도 이러한 블룸하르트 부자의 신학적인 발전이 조용기 목사에게는 그의 전기와 후기에 그대로 나타나고 있다는 사실을 몰트만은 잘 알고 있었다.

역사를 뒤돌아보면, 크리스토프 블룸하르트 1세는 1838년 33세에 독일 남부 슈투트가르트(Stuttgart) 인근 뫼틀링엔(Möttlingen) 교회의 목사로 부임한다. 그는 당시 23세의 처녀인 자신의 교우 고틀리빈 디투스(Gottliebin

Dittus)를 만나게 된다. 그녀는 고아로 불우한 가정 환경 가운데 있었다. 당시 그녀는 신장병과 여러 가지 질병으로 시달림을 받고 있었다. 크리스토프 블룸하르트는 그녀를 위해 거의 2년을 기도했으나 그녀의 병은 도무지 차도를 보이지 않았다. 오히려 그녀에게 빙의(憑依) 현상이 나타나고 있었다. 그녀는 가끔 죽은 사람들이 눈에 보이고, 또한 그들이 자신에게 말을 하고 있다고 했다.

그리고 그녀가 살고 있는 집에서는 괴상한 일들이 벌어지곤 했다. 기괴한 소리들이 들리다 집이 흔들리기도 하고, 사람들의 소리가 들렸다. 그 현상과 함께 항상 동반되는 것은 고틀리빈의 혼절이었다. 그녀는 자주 정신을 잃었고 몸이 활처럼 휘기도 했다. 당시 이런 현상을 설명할 수 있는 신학과 신앙은 독일에 없었다. 단지 통제가 어려운 정신질환을 앓고 있을 뿐이라고 사람들은 생각했던 것이다.

루터의 종교개혁을 거치면서 독일신학과 신앙은 점차 이성적인 교리중심의 신학과 신앙으로 발전되어 갔다. 설상가상으로 당시 기독교에 무신론적 종교사상이 들어와서 스트라우스(Straus)나 포이에르바하(Feuerbach) 같은 이들은 하나님을 부정했다. 적어도 당시의 모든 교회가 하나님의 존재를 부정한 것은 아니었지만, 그들이 믿었던 하나님은 지극히 사념적이거나 개념적이었다. 교회는 종교 체험을 마귀의 술수라고 가르치고 있었다.

그리고 모든 하나님의 은사들은 사도시대 이후로 끝이 났다고 믿었다. 그런 결과로 그들은 마귀가 실제적으로 역사할 수 있다는 생각을 전혀 할 수 없었던 것이다. 단지 사탄은 악한 형편 그 자체이거나 잘못된 사념일 뿐이었다.

크리스토프 블룸하르트는 고틀리빈의 기괴한 고통을 보며 자신의 한계에 봉착했다. 블룸하르트는 예수께 의존할 수밖에 없었던 것이다. 블룸하르트는 자신이 배운 신학 서적 중 그 어느 곳에서도 자신의 문제를 해결해 줄 수 있는 해약을 찾을 수가 없었다.

만 2년의 긴 영적 전쟁을 통해서 마침내 블룸하르트는 고틀리빈 속에 역사하는 악령을 내쫓게 되고, 그 악령은 "예수는 승리자다"(Jesus is Victor)라고 하는 고백을 남기고 마침내 그녀를 떠나간다. 그 후 블룸하르트는 많은 치유 능력을 자신도 모르게 체험하게 되고, 그 소문을 들은 많은 병자들이 독일의 여러 지역으로부터 그를 찾아와 고침을 받는 역사가 일어나게 된다.

역사가 일어나면 날수록, 블룸하르트에게 고통은 더해 갔다. 그리고 그는 독일 국가교회로부터 당시 이단적 행위들로 이해되었던 뫼틀링엔의 사건을 조사받는 동안 주거제한 명령을 받기도 했다. 그런데 그를 찾아오는 수많은 사람들이 그의 집 뜰에 들어서면 쓰러졌고, 병자들이 질병으로부터 곧 해방되었다. 때로는 이층 창문 너머로 아래를 물끄러미 바라보고 있는 그를 악령 들린 자들이 알아보고는 소리를 질렀고 악령은 떠나갔다.

독일 국가교회는 크리스토프 블룸하르트를 이단으로 규정하고 조사에 들어갔다. 악령의 존재를 단지 종교적인 개념으로만 이해했고, 성령의 은사와 체험을 거부하고 있었던 당시로서는 극히 자연스러운 결과였다. 크리스토프 블룸하르트가 이단 정죄에 시달린 것은 그가 마지막 땅에 묻혀 영면(永眠)하는 순간까지도 계속되었다.

조용기 목사의 삶의 대부분도 블룸하르트 1세의 길을 걸었다. 당시 한국의 모든 교회가 그를 이단으로 지목했던 것은 궁극적으로 한 가지 이유 때문이었다. 악령을 내쫓으며, 병자들이 치유되어 기적이 일어나고 있다는 점이었다. 성령의 은사 그 자체를 부인하는 분위기 속에서 조 목사는 이단이 될 수밖에 없었던 것이다.

조용기 목사가 언급한 기록을 보면, "당시에 성령을 강조하며 수많은 치유의 기적을 만들어 낸 것을 둘러싸고 '이단 시비'가 있었고, 수많은 장로교 목회자들이 저와 저희 교회를 이단으로 폄훼했으며, 심지어 초창기에는 제가 속한 총회에서도 저를 소환해 청문회를 연 적도 있었습니다"라고 밝히고 있다. 그래서 조 목사는 후일 "그런 과정을 통해 제 신앙을 스스로 많이 연구할 수 있었고, 과연 내 안에 이단적 요소가 있는가를 알아보기 위해 제자들을 외국 신학대에 보내 박사학위까지 받게 하고 신학연구소를 만들어 순복음 신앙의 기초를 만들기도 했다"라고 술회한다(2007. 12. 29, CBS방송 녹화).

한편 블룸하르트의 축사 사건은 이것으로 끝나지 않았다. 그의 아들 요한 크리스토퍼 블룸하르트 2세가 아버지의 뒤를 이었다. 뫼틀링엔의 사건 3년 후 아들 블룸하르트는 출생했다. 그는 아버지의 영향 아래 자라났고, 튀빙겐(Tübingen) 신학교를 나온 뒤 얼마 되지 않아 아버지의 뒤를 이어 목회자와 신학자로서 그리고 정치 지도자로서 바트 볼(Bad Ball) 기도처를 맡아 평생을 봉사하게 된다.

블룸하르트 2세는 아버지의 성령 체험과 많은 축사 사건, 특히 뫼틀링엔에서의 사건을 기억하고 있었다. 이 뫼틀링엔의 사건은 블룸하르트 부자로 하여금 악마에게 속하여 더 이상 하나님의 축복을 받을 수 없는, 버림받은 이 세상에 하나님의 영적 개입이 시작되었다는 깨달음의 사건이었다. 뫼틀링엔의 사건은 독일 신학과 교회에 첫 성령운동의 시작을 의미했지만, 한편으로는 블룸하르트 부자에게 하나님의 개입과 더불어 나타나는 하나님의 종말론적인 재림이 다가왔음을 느끼게 만드는 사건이었다.

아버지 블룸하르트는 평생을 예수의 재림을 기다리다 죽었다. 그리고 그의 아들은 자기 아버지와 마찬가지로 평생을 예수의 재림을 기다리며 자신의 남아 있는 삶을, 저 유명한 일본인 신학자 이노우에 요시오(井上良雄)의 표현처럼 "(주님을 만날 때까지) 서두르며, 기다리며" 살았다.

02 희망(希望)의 신학

몰트만은 왜 블룸하르트 부자의 신앙 체험과 신학을 '희망의 신학'이라고 불렀을까? 그리고 왜 조용기 목사를 그들과 함께 희망의 신학자라고 말했을까?

본시 블룸하르트 부자를 희망의 신학자로 불렀던 사람은 몰트만이 아닌, 저 유명한 신학자 칼 바르트(Karl Barth)였다. 바르트는 1915년 즈음 소위 자유주의 사상들을 지니고 있었던 베를린 학파(Berlin Schule) 즉 자신의 옛 스승들, 리츨(A. Ritschl), 하르나크(A. Harnack) 그리고 마르부르크(Marburg)의 헤르만(W. Herrmann) 등과 같은 이들로부터 깊은 회의를 느끼고 있었다. 그러한 회의는 블룸하르트 사상을 받아 극복하게 된다. 그리고 마침내 바르트는 블룸하르트에 대한 강한 인상으로 인해 1918년 스위스 자펜빌의 목회지에서 《로마서 주석》을 쓰게 된다.

즉 로마서 주석을 쓰기 직전, 바르트는 후일 실천신학의 창시자가 되는 친구 에두아르트 투르나이젠(Eduard Thurneysen)으로부터 크리스토프 블룸하르트 부자에 대해 전해 듣는다. 그리고 투르나이젠과 더불어 1915년 아들 블룸하르트를 방문하고, 아버지 블룸하르트의 신앙 체험을 자신의 신앙에 중요한 변화로 받아들인다. 그리하여 바르트는 크리스토프 블룸하르트에 대한 깊은 영향력으로 인해 1915년 《하나님 나라를 기다림》이라는 글을 쓰기도 했다.

칼 바르트는 1963년 죽기 얼마 전 마지막 강의를 통해 자신의 신학은 블룸하르트로부터 왔다는 사실을 밝힌다. 그리고 블룸하르트가 악마를 내어 쫓을 때 부르던 찬송을 부르며 마지막 강의를 맺었다. 바르트는 블룸하르트 부자의 신앙 체험과 신학을 하나님에 대한 참 신앙을 잃어버린 독일에 대해 "희망의 신학"이라 불렀다.

바르트의 '희망'이라는 개념은 많은 의미를 포함하고 있었다. 크리스토퍼 블룸하르트가 하나님의 역사로 악마를 내쫓았다는 사실은 하나님의 역사가 '지금 여기'(hic et nunc)에 개입하고 계시다는 사실을 말하는 것이었다. 바르트는 블룸하르트의 사건을 이미 하나님과 기독교가 단지 개념이나 종교로 변해 있었던 독일 신학과 교회에 큰 충격이자 새로운 하나님의 도래를 알려주는 희망의 사건으로 해석했던 것이다.

그리고 아버지 블룸하르트의 사상을 이은 아들 블룸하르트는 종말의 심판과 함께 다가오시는 하나님 앞에 인간의 죄의 본질에 대한 깊은 통찰력을 통해 회개를 강조했다. 블룸하르트 부자는 인간이 자신의 죄 문제로 인해 능력으로 다가오는 하나님 앞에서뿐 아니라 악마가 역사하는 상황 속에서도 아무것도 할 수 없는 무력감을 아주 잘 알고 있었다. 바르트 역시 크리스토프 블룸하르트 부자의 경험을 통해서 악마가 역사하는 상황 속에서 아무것도 할 수 없는 죄성(罪性)과 연약함을 지닌 자신을 발견하게 된 것이다.

악마를 내쫓는 생생한 하나님의 역사가 바르트에게 충격적인 사건이었지만, 오히려 희망의 사건이기도 했다. 그리고 뫼틀링엔의 축사귀(逐邪鬼)의 경험은 인간의 무기력을 다시 한번 뒤돌아보게 하는 사건이었다. 평소에 키에르케고르(Kierkegaard)의 말에 깊은 영향을 받았던 바르트는 "인간의 마지막이 하나님의 시작이다"라는 자신이 평생 가지고 있었던 철학을, 뫼틀링엔의 사건을 통해 비로소 구체화하는 계기로 삼았다. 바로 뫼틀링엔의 사건에는 인간이 무기력한 한계를 느끼는 순간 하나님의 역사가 나타나고 있었기 때문이다.

인간의 죄성과 그 한계를 인식하고 있었던 아들 블룸하르트는 오실 하나님의 나라를 기다리며 구체적으로 독일의 모든 제도권의 변화를 계획하고 있었다. 재림을 기다리며, 하나님의 뜻을 이루어야 한다는 사명감 때문이기도 했겠지만, 오히려 아버지의 축사 경험을 통하여 배운 교훈, 즉 '오늘도 하나님은 우리의 세상에 개입하고, 또한 역사하고 계신다'(Deu hic et nunc)는 확신 때문이었다. 아이러니하게도 이 명제는 조용기 목사의 목회 슬로건이기도 했다. 어쨌든, 이렇게 하여 독일의 종교 사회주의 운동이 구체적으로 그로 말미암아 제시되었다.

이후 아들 블룸하르트의 사회 개혁운동은 독일 사회주의운동의 거두 레온하르트 라카츠(Leonhard Ragaz), 헤르만 쿠터(Hermann Kutter), 에두아르트 투르나이젠, 그리고 월터 라우센부쉬(Walter Rauschenbush)와 라인홀드 니버(Reinhold Niebuhr)에 이르는 미국 사회개혁운동으로 연결되었다.

바르트는 크리스토프 블룸하르트 부자로부터 이 두 사상을 그대로 물려받았다. 하나님과의 해후 사건과 인간의 죄성에 대한 인식과 더불어 구체적으로 모든 제도적 사회개혁이 진정으로 필요하다는 가르침이었다. 이 기본적인 신학적 전제는 바르트 신학 전체를 관통하는 사상이 되었다. 즉 바르트의 전기 사상에는 아버지 블룸하르트의 체험적 사건이 그의 신학을 지배하고 있었고, 후기 바르트 신학에 나타나는 사회복음주의라고 하는 또 다른 일면은 아들 요한 크리스토프 블룸하르트로부터 받은 영향이었다.

결론적으로 몰트만이 블룸하르트 부자의 신앙 체험과 신학으로부터 희망의 신학을 보았다는 말은, 칼 바르트의 말을 다시 한번 기억하게 한다. 그의 요지는 결국 미래의 기독교의 희망은 하나님을 체험함이라는 오순절운동의 새로운 변화와 인간의 죄성을 깊이 인식한 기독교 사회개혁인 올바른 정치신학만이 희망의 신학으로 대치될 수 있을 것이라는 깊은 신뢰에서 나온 말이었다.

몰트만은 자신 앞에 있는 조용기 목사가 그 두 가지 일을 함께 하고 있는 사람이라고 생각했던 것이다. 몰트만은 2004년 6월 내한 강연 중에 다음과 같이 언급한다.

"칼 바르트는 크리스토프 블룸하르트를 최초의 '희망의 신학자'라고 불렀고, 젊은 시절에 그로부터 깊은 인상을 받았습니다. 크리스토프 블룸하르트는 칼 바르트와 에두아르트 트루나이젠의 변증법적 신학과 스위스의 레온하르트 라카츠와 헤르만 쿠터의 종교사회주의 운동의 정신적인 아버지가 되었습니다. 오늘날 우리는 미국의 오순절 신학자들 중에서 크리스토프 블룸하르트의 진취적 소망의 추종자들을 점점 더 많이 발견하게 됩니다."

그러면 몰트만은 왜 조용기 목사를 블룸하르트 부자에 비교했을까? 그 이유는 조 목사를 만나 그의 인생 역정이 자신이 살아왔던 삶과 비슷하며, 또한 자신처럼 하나님 신앙으로 극복된 삶의 흔적을 찾았기 때문이었다. 그리고 크리스토프 블룸하르트 부자의 인생 역정에 나타나는 신앙 체험과 사상의 발전 과정을 조 목사와 한국의 여의도순복음교회를 통해 발견했기 때문이었다.

03 한국의 블룸하르트, 조용기 목사

거의 30여 년 전에 나는 조용기 목사의 장모인 최자실 목사의 책《나는 할렐루야 아줌마였다》를 읽었다. 그때 그 책을 읽으면서 기억나는 한 줄의 문구가 떠오른다. "우리는 밤마다 귀신을 내쫓았고, 그 귀신을 내쫓고 나면 불같은 시험이 그다음에 뒤따라왔다." 우리 한국 기독교인들은 최자실 목사의 그 말의 의미를 잘 알고 있다. 그 시험은 단지 마귀뿐 아니라 오히려 귀신을 내쫓는 일을 정상적으로 여기지 않았던 한국 교회로부터 더욱 왔다. 당시 한국 교회는 아버지 블룸하르트가 살았던 독일과 똑같은 신앙과 신학적인 분위기를 가지고 있었다.

종교개혁 이후 삼백 년 동안 독일은 신조를 중심으로 교리화한 것을 주로 교인들에게 가르치는 교조신학(敎條神學)이 발달돼 있었다. 그리고 당시에는 신조학과 소위 철학적인 내용과 형식을 빌려 신학화한 사념신학(The speculative theology)의 종류였던 조직신학 중심의 교육이 팽배해 있었다. 그런데 독일의 시골 지방 교회들은 아직 경건한 신앙 형태를 유지하고 있었다. 그들은 합리적인 사고에 기초했던 자신들의 신조에 얽매여 성령의 체험이나 은사를 전혀 몰랐다. 이미 성령의 은사는 사도시대 이후에 끝이 났다고 믿고 있었고, 모든 신앙은 극히 윤리적이고 관념적이기만 했다.

설상가상으로 독일신학계에는 더욱 심각한 상황이 벌어지고 있었다. 튀빙겐 신학(Tübingen Theologia)의 옛 자유주의 학파와 베를린 신학의 구 자유주의 학파가 독일을 휩쓸고 있었기 때문이다. 그들은 그나마 남아 있었던 경건한 신앙을 유지하고 있었던 독일 기독교를 하나의 종교로 만들어 버렸다.

최자실 목사와 그의 사위였던 조용기 전도사가 1958년 서울 대조동에서 개척교회를 세웠던 시절 역시 동일한 현상이 한국 기독교 안에 벌어지기 시작했다. 대부분 보수 성향을 가졌던 한국 개신교에는 경건과 신앙이 유지되고 있었으나, 성령의 은사나 체험 등은 부인되었다. 당시 한국 기독교의 주류를 이루고 있었던 장로교 신학은 어거스틴이 초기에 주장했던 사도시대 이후 은사폐지론을 고수한 프린스턴 신학자들, 특히 워필드(B. B Warfield)의 신학을 따라 성령의 은사를 거부하고 있었다. 그러나 실상 아이러니하게도 어거스틴은 자신이 죽기 6년 전에 자신의 초기 생각을 《취소》(*The Retraction*)라고 하는 글로 포기했던 것이다.

그런데 어거스틴의 초기 글을 그대로 인용했던, 구 프린스턴 학파의 워필드의 책 《은사종료》(*The Cessation of the Charismata*)와 《거짓 기적》(*Counterfeit Miracles*)은 모든 은사운동을 거부함으로써, 1918년 당시 미국교회가 새로 일어나고 있는 오순절 운동의 성령 체험을 얼마나 교회 파괴 운동으로 간주해 악의적으로 해석했는가를 알려주는 중요한 증거가 된다.

그러나 독자들은 당시 자유주의 사상과 오순절 운동이 19세기 말의 미국교회들을 분립시키는 요인이었다는 점도 기억할 필요가 있다.

1960년대와 1980년대의 한국은 워필드시대의 미국교회를 방불케 했다. 새로이 등장한 오순절 운동은 소위 반(反) 은사주의 이론에 기초하고 있었던 대다수의 복음주의교회들과 신학교들에 의해 배척될 수밖에 없었다. 그리고 당시의 시대적 상황을 반영하기라도 하듯, 소위 민중신학과 저항신학은 당시 유행하던 해방신학과 자유주의 신학을 자신의 출구로 삼았다. 그 와중에 오순절 성령운동의 기수였던 조용기 목사는 이단이 될 수밖에 없었다. 그는 복음주의 진영과 자유주의 진영 모두로부터 배척을 받았다. 복음주의 쪽에서는 신비주의자로, 자유주의 영역에서는 사이비 혹은 이단으로, 양쪽으로부터 모두 다 거절되었던 것이다.

나의 어릴 때 기억으로는 평범한 시골 목사였던 우리 교회 목사님마저도 "조용기 목사는 이단이야"라고 말하는 바람에 내가 그를 처음 보았던 1970년까지 나는 그가 괴상하게 생긴 이단 목사인 줄 알았다. 아마 순복음 교회 교인들을 제외한 대다수의 한국 기독교인들은 모두 다 그가 이단이라고 생각했을 것이다. 교단이 그렇게 수십 년을 정죄했고, 신학교수들이 여러 가지 문제로 그를 사이비 혹은 이단으로 규정했기 때문이다.

나는 내 시대의 오류를 바로잡길 원한다. 그리고 수많은 사람들이 잘못된 편견으로 한 시대에 하나님의 소명을 전해준 목회자를 억울하게 한 사실을 부끄럽게 생각한다. 얼마나 많은 교인들이 정죄하는 교단, 정죄하는 신학자나 목회자 밑에서 아무것도 모르고 하나님의 종을 습관적으로 판단했는지, 나 같이 선생 된 자들은 자신을 깊이 생각해 보아야 할 것이다.

나의 스승인 아세아연합신학대학의 명예총장으로 있는 한철하 박사의 말이 생각난다. "자네와 나 같은 서기관과 바리새인들이 얼마나 많은 교인들을 우매한 길로 인도하고 있는가!" 나는 그 말을 들을 때, 내가 신학대학교의 교수인 것이 부끄럽기만 했다.

최자실 목사의 책이 증언해 주는, "우리는 밤마다 귀신을 내쫓았고, 그 귀신을 내쫓고 나면 불같은 시험이 그다음에 뒤따라왔다"는 기록을 읽으면서, 우리는 조용기 목사가 크리스토퍼 블룸하르트가 겪었던 뫼틀링엔의 경험을 통한 소위 "영적 싸움"을 지속하고 있었다는 사실을 알게 된다. 그리고 그 싸움은 마귀와의 영적인 싸움인 동시에 자신을 이단으로 몰아가는 모든 환경과의 싸움이기도 했다. 조용기 목사의 삶은 크리스토프 블룸하르트

1세의 삶을 그대로 재현하고 있었던 것이다.

조용기 목사는 한국 교회의 압박을 고통으로 느꼈을 것이다. 어느 책에서, "그래서 그가 눈을 한국 교회 밖으로 돌려 1년이면 반 이상을 해외 복음전도에 헌신하게 된 것도, 질식할 것만 같은 한국 교계로부터의 압박 때문이었다"라는 기록을 읽은 적이 있다. 아마도 어려운 중에 세계교회를 살리려는 하나님의 놀라운 섭리였던 것 같다.

그런데 조용기 목사의 사역의 폭은 오순절 운동의 성령체험 운동만으로 제한되지 않았다. 그는 구체적으로 자신이 속한 한국 기독교와 한국 사회를 변화시키기를 원했다. 분명 크리스토퍼 블룸하르트 1세가 가지고 있었던 성령 체험을 통한 하나님의 나라의 개입을 조 목사는 느끼고 있었을 것이다. 그리고 그 나라를 기다리며 소위 블룸하르트가 가지고 있었던 하나님의 나라의 다가옴, 즉 재림에 대한 기대감과 서두름이 그를 지배하고 있었을 것이다. 그리고 다가오는 그 나라를 위하여 조 목사는 무엇인가 해야만 한다는 소명을 받았을 것이다.

실제로 나는 그가 1990년 어느 날 체육관 집회 중에 하나님이 곧 재림할 것으로 믿는다고 하는 말을 직접 듣기도 했다. 그러나 조용기 목사의 종말에 대한 긴박감은 이미 1970년대 초 유명한 세대주의 종말론자였던 존 홀(J. Hall)이라는 부흥사를 불러서 교회에서 종말론을 가르칠 때부터 나타나고 있었다. 하나님의 역사를 피부로 느껴온 역사상 모든 기독교 신비사상가들이 동일하게 느꼈던 것이 하나님의 재림이었기 때문이다.

주님이 금방이라도 재림할 것 같은 느낌은, 곧 모든 기독교 신비사상가들에게는 자신에게 느껴지는 하나님에 대한 경험이 커지면 커질수록 비례하며 안에서 솟아오르는 확신이기도 했다. 그리고 얼마 남지 않은 미래에 대한 확신이 커지면 커질수록, 주를 위한 사명은 더욱 구체화되었고 실천될 수밖에 없었던 것이다.

이러한 맥락에서 우리는 블룸하르트 부자와 조용기 목사를 이해할 수 있다. 이노우에 요시오(井上良雄)의 저 유명한 책 《블룸하르트 부자(父子)》에 붙여진 부제 "기다리며 서두르며"는 주님의 재림을 기다리는 블룸하르트 부자의 신앙을 잘 표현해 주고 있다. 그 말은 사실 블룸하르트 부자만 아니라 조용기 목사에게도 아주 절실한 문구였다. 조용기 목사는 전 생애를 통해 예수가 속히 재림하실 것임을 강조해왔다. 그 역시 주의 재림을 "기다리며 서두르는" 사람이었기 때문이다.

하나님의 나라를 체험한 사람만이 하나님의 나라를 기다릴 수 있다. 그리고 하나님의 나라를 위해 무엇인가를 하게 된다. 즉 하나님의 나라를 기다리는 자는 하늘나라로 가기 위한 준비를 서두를 수밖에 없다. 바로 이 점이 몰트만으로 하여금 아들 블룸하르트와 조용기 목사를 평행선상에 놓게 했던 것이다.

그리고 분명한 것은 이미 여의도순복음교회는 한 교파, 한 지역교회가 더 이상 아니었다. 1980년대에 이미 세계적인 교회가 되어 있었고, 자신의 토양인 한국을 위해 무엇인가를 해야 할 만큼 소명을 바깥으로부터 받고 있었다. "하나님이 지금 여기에 살아 계신다"(Deus hic et nuc)는 깨달음과 "하나님의 나라"(The kingdom of God)가 다가오고 있음을 누구보다도 가까이 느끼고 있었던 조용기 목사는 사회를 위해 무엇이라도 해야만 했을 것이다. 조 목사가 여러 복지재단을 세우고, 언론사인 국민일보사를 세웠던 것도 이러한 맥락에서 이해할 수 있다.

아들 블룸하르트는 아버지가 겪었던 성령의 역사를 통해 하나님의 나라가 임하는 것을 느끼고 체험하고 있었다. 그는 다가오는 하나님의 나라를 위해 구체적인 변화가 개인뿐 아니라 그가 속한 사회에서도 일어나야 한다고 자각했다. 그래서 그는 사회민주당(社會民主黨)의 당원이 되었고, 독일사회주의 운동의 기수가 되었다. 다가오는 하나님 나라를 위해 구체적으로 무엇인가 사회를 변화시켜야 한다는 강한 의무감 때문이었다.

1995년 몰트만이 만났던 조용기 목사는 이미 "기다리며 서두르며"라는 문구로 압축된, 블룸하르트 부자의 인상을 강하게 가지고 있었다. 몰트만의 눈에는 바로 아버지 크리스토프 블룸하르트를 관통하는 성령체험과 뫼틀링엔의 "예수 승리사건" 뿐만이 아니라 아들 블룸하르트의 하나님의 나라는 세상 속에 역사하고 있고, 하나님은 세상 속의 하나님이었다. "내가 여호와인 줄을 네가 알게 될 것이라"(출 8:22)는 사회변화를 위한 복음적인 신학의 발전이 조용기 목사를 통해 발견되고 있었던 것이다.

1990년대 중반에 들어서면서 조용기 목사는 자연스럽게 시대적 요청을 따라 아들 블룸하르트가 지녔던 소명을 더욱 자기의 길로 선택하고 있었다. 아들 블룸하르트의 신학 속에 흘렀던 두 가지 사실, 인간의 뿌리 깊은 죄성(罪性)에 대한 이해와 이 땅에 하나님의 나라를 이룩해야 한다는 깊은 사명감, 즉 사회를 변화시켜야 한다는 구체적인 시도는 아들 블룸하르트에게도 있었고 조 목사에게서도 발견되고 있었다.

조용기 목사가 목회를 시작한 이래 거의 최근에 이르기까지 한국복음주의 신학계와 교회들은 여전히 사회구원을 위한 활동에 소극적이었고, 또한 신학 역시 사회구원보다는 개인구원을 강조해왔던 전통적인 보수주의적 태도를 지향하고 있다. 그러나 조 목사는 '개인구원이냐 사회구원이냐'라는 더 이상 진부해진 물음에 매여 있을 수가 없었다. 그의 교회는 이미 한국사회에 큰 영향력을 끼치고 있었고, 그는 더 이상 소극적인 인물로 남아 있을 수가 없었다. 그리고 사회를 어떤 식으로든 변화시켜야 한다는 소명의 길을 1995년 몰트만과의 만남에서 더욱 확인했다.

한번은 박정희 대통령이 그에게 이렇게 물었다고 한다. "조용기 목사님!, 어떻게 하면 우리나라가 잘살 수 있겠습니까?" "예, 새마음운동을 해야지요." 그 대답을 들은 박 대통령은 비서에게 "새마음운동, 그건 너무 종교적이지. 새마을운동으로 하지!"라고 말했다고 한다. 바로 한국의 새마을운동은 이렇게 시작되었다. 한국의 새마을운동은 기독교의 새마음운동으로부터 출발했다.

새마을운동 초기에 나는 전국 대학생 대표 자격으로 새마을교육을 받았다. 그때 수강생들이 교육과정으로 들은 필수과목이었던 성공사례는 대부분 한국의 시골 마을들이 어떻게 변화되고 있는지를 발표하는 시간들로 채워져 있었다. 당시 성공사례를 발표하는 강사는 거의가 시골교회 전도사님들과 목사님들이었는데, 그들 대부분이 순복음 교단에 속해 있었고, 조용기 목사의 삶의 긍정적인 철학을 우리에게 소개했다.

조용기 목사는 1993년 이래, 한편으로는 목회와 구령을 위한 제3세계 선교를 위한 세계교회성장세미나를 계속 발전시켜 세계 기독교 목회자들과 교회들의 성장을 도왔다. 그리고 다른 한편으로는 국민일보사를 창립하여 구체적으로 사회의 개혁과 기독교 신앙을 고수했다. 조 목사는 기독교가 구체적으로 한국사회의 정치, 경제뿐만 아니라 모든 영역에서 자기 역할을 해야 한다는 자각을 그 누구보다도 더 일찍 가지고 있었던 것 같다.

실제로 조용기 목사와 몰트만과의 만남 이후, 즉 1995년부터 여의도순복음교회는 단순했던 오순절교회의 복음적 정체성을 넘어서서 기독교 사회를 위한 참여를 동시에 실행해 오고 있다.

네덜란드의 위대한 칼빈주의 신학자이자 언론인이며, 수상을 두 번이나 지냈던 아브라함 카이퍼(Abraham Kuyper)는 이렇게 말한다. "정교분리(政敎分離)라고 하는 진부한 표현은 더 이상 우리 기독교인들로 하여금 종교에만 머물게 하지 못한다. 우리는 우리의 하나님의 나라를 책임져야 하고, 또한 그 나라를 지켜나가야만 한다. 그러므로 기독교인에게는 오직 두 사명에 대한 정교구분(政敎區分)만 있을 따름이다."

진정한 기독교인이라면 자신이 속한 나라가 비도덕적으로 불신앙적인 방향으로 치닫고 있을 때 과연 어떻게 하겠는가! 인간 구원을 단지 영혼만의 구원이 아니라 영·혼·육의 총체적 구원을 주장하는 오순절 신학과 조용기 목사의 신학적인 입장에서 볼 때, 조 목사의 소명은 단지 교회 안에서만 머물러 있을 수 없었을 것이다.

크리스토프 블룸하르트 부자와 몰트만, 그들은 조용기 목사와 같은 지평 위에 선 사람들이었다. 그리고 그들은 다 같이 하나님의 나라를 체험하며 기다리는 사람들이기도 했다. 언제나 하나님을 기다리는 그들에게는 희망이 전제되어 있었다. 그들은 그 희망을 자신들을 통해 사회에 실천하려고 애쓰는 사람들이었다. 혹자들은 그들을 사회복음주의자라고 조롱한다. 그러나 그들은 이웃으로부터 받는 핍박보다는, 이웃에게 나누어 주는 희망의 중요성을 알았기에 스스로의 길을 찾은 사람들이었다. 그래서 그들은 '희망의 전도자이며, 신학자'라고 불린다.

결론적으로 한국 기독교인들에게 조용기 목사는 특별히 성령 체험을 구체화시킨 초교파 은사운동의 기수였다. 그가 한국 교회에 가르쳐 준 것은 인간의 죄성에 대한 간절한 깨달음이었고, 죄와 더불어 인간에게 역사하는 마귀를 구체적인 적(敵)으로 지적한 점이다.

나의 기억으로는 그 이전까지 어떤 한국의 신학자도 마귀를 기독교인들의 구체적인 적으로 구체화시켜 목회에 적용한 적이 없었다. 우리는 감리교 최초의 부흥사 이용도 목사를 알고 있지만, 조용기 목사처럼 자신의 목회에 마귀를 기독교인의 적으로 적용시킨 것은 아니다. 단지 그에 대한 기록에서 그가 마귀와의 영적 전쟁을 어떻게 치렀는지를 발견할 수 있을 따름이다. 그런데 조 목사는 우리에게 마귀에 대한 개념 설명이 아닌, 마귀와의 전쟁을 어떻게 이끌 것인가를 실제적으로 자신의 경험을 통해 가르쳐 주었다.

나는 한 월남 파병 용사의 글을 읽은 적이 있다. "우리는 마침내 월남의 한 항구에 정박하여 파병 환영식을 받았다. 그때 갑자기 '탕' 하는 소리가 났다. 모두 다 놀라 우왕좌왕하고 있었다. 옆에 있는 친구가 쿵 소리와 함께 피를 흘리며 쓰러지는 것이 아닌가! 또다시 '탕' 소리가 울렸다. '억' 하고 또 다른 전우가 피를 흘리며 쓰러졌다. 아무도 무엇을 해야 할지, 어떻게 해야 할지 몰랐다. 모두 다 땅바닥에 엎드려 고개를 숙이고 있을 따름이었다. '탕', 연이어 또 다른 총소리가 났다. 이미 월남에서 오랜 전투 경험을 가진 병장 한 사람이 몸을 숙이며 낮은 포복으로 나아가면서 총소리가 들렸던 숲을 향하여 한 발의 총을 쏘았다. 즉시 야자 나무 위에서 무엇인가 시커먼 물체가 쿵하고 떨어졌다. 우리가 처음 보는, 바로 베트콩이었다."

그 글을 읽으면서 나는 조용기 목사가 바로 그 병장과 같은 사람이라는 생각이 들었다. 도무지 적이 누구인지 어디서 총알이 날아오는지 모르는 우리에게 조 목사는 최초로 적이 누구인지, 그리고 어떻게 방어를 해야 할 것인지를 가르쳐 주었던 것이다.

조용기 목사와
위대한 스승 조지 래드(G. E. Ladd)

나는 20세에서 28세까지 폐결핵을 앓았다. 한국인 누구나가 '가난과 질병'에 시달리던 시절, 그 저주스러운 삶의 고통은 결코 나를 비껴가지 않았다. 그러나 나는 하나님의 은총으로 구원을 받았다. 하나님은 두 신학자들의 신앙을 내게 가르쳐 주었고, 그들의 신학은 나를 끝없는 고통의 구렁텅이에서 벗어나게 해주는 계기가 되었다. 그들이 바로 조용기 목사와 1950년대 미국 풀러 신학교의 위대한 스승 조지 래드(George Ladd)였다.

01 조용기 신학의 출발

'가난과 질병'이 다반사였던 시절, 조용기 목사는 종래의 복음주의 신학의 한계를 자신의 한계로 느끼고 있었을 것이다. 가난과 질병이라는 이 저주스러운 삶에 대해 답변을 궁구하던 중, 아마도 그는 복음주의 신학의 한계를 느꼈을 것이다.

정통 복음주의 신학은 두 가지 면에서 취약성을 가지고 있었다. 첫째는 현실의 가난과 질병을 하나님이 인간에게 깨달음을 주는 수단임을 강조한 나머지, 오히려 종종 경건을 위한 미덕으로 여겼다는 점이다. 그리고 둘째로 누가 가난과 질병을 가져다 주었는가 분명한 답변을 제시하지 않는다는 점이다. 곧 하나님이 가져다 주는지, 마귀가 가져다 주는지 분명히 대답하지 못한다. 복잡한 신학적인 문제이지만, 처절한 고통의 시간에는 분명한 대답이 필요하다. 이 문제에 관해 정통 복음주의 신학은 언제나 모호한 입장을 취해 왔다.

가난과 질병은 때로 인간을 겸손하게 만든다. 자신의 한계를 깨닫고, 하나님의 손길을 찾게 한다는 점에서 오히려 유익이 될 때도 있다. 성 프란체스코에게 가난은 오히려 미덕이었다. 풍부함이 인간을 타락시키던 시대에는 분명 가난은 미덕이다. 그러나 삶이 고통인 시대에는 가난은 오히려 악이다. 가난과 질병에 시달렸던 우리 세대는 이 말이 무슨 뜻인지 잘 안다.

더욱이 가난한 사람이 질병을 가지고 있다면 더욱 현실은 저주스럽다. 때때로 질병은 많은 깨달음을 동반하지만 분명 고통을 가진 자에게 악으로 드러난다. 때문에 가난과 질병을 자신의 삶의 고통으로 뼈저리게 느끼고 있었던 조용기 목사에게 필요한 것은 치유와 풍성한 삶에 대한 하나님의 약속이었다. 그리하여 그가 그토록 자주 인용하던 말씀이 요한복음 10장 10절의 말씀이다. "도둑이 오는 것은 도둑질하고 죽이고 멸망시키려는 것뿐이요 내가 온 것은 양으로 생명을 얻게 하고 더 풍성히 얻게 하려는 것이라."

정통 복음주의 신학은 가난과 질병이 인간을 멸망시키는 것이며, 그 가난과 질병을 가져다 주는 도둑이 마귀라고 지적하는 일에 확신을 가지지 못한다. 왜냐하면 구약에는 '하나님이 저주로 가난과 질병을 이스라엘에게 내렸다' 는 말씀들을 숱하게 하고 있기 때문이다.

실상 개신교신학은 처음부터 하나님과 인간의 관계에 깊은 초점을 맞추고 있는 "관계 신학"(Relatio Theologia)으로부터 출발하고 있었기 때문에, 악과 죄는 '하나님 앞에서 선 인간의 관계(coram Deo)' 에 따라 결정된다. 작고한 하이델베르크의 조직신학자 알브레히트 페터스(Albrecht Peters)나 유명한 신학자이자 추기경을 지냈던 가톨릭 신학자 한스 우루스 폰 발타자르(Hans Urs von Balthasar)가 언급했듯이, 인간은 그 자체로 홀로 설명되는 존재가 아니다. 오직 관계 속에서만 파악될 따름이다.

그래서 앞의 두 신학자들은 인간을 '하나님 앞에서의 관계', '인간과 인간 사이의 관계'(coram hominibus), '인간과 인간 자신의 내면세계와 성(sex)문제와의 관계'(coram meipso), 그리고 '인간과 자연만물의 관계'(coram Mundo)로 설명한다. 그 결과 모든 삶의 영역들은 하나님과 인간의 관계(relatio)에 따라 악이 되기도 하고, 선이 되기도 한다.

그러므로 개신교 정통 복음주의 신학은 인간과 인간 사이의 문제나, 인간이 자신의 내면 세계를 어떻게 잘 정리할 것인가 하는 문제와, 소위 리비도(Libido)와 관련된 성적인 문제, 그리고 인간과 세상의 관계조차도 하나님과의 관계가 어떻게 설정되느냐에 따라 선악간의 도미노 현상인 연동작용(聯動作用)을 일으킨다는 고백 위에 서 있다. 이런 이유로 복음주의의 상관신학(相關神學) 혹은 관계신학(關係神學)의 입장으로 보면, 가난과 질병은 그 자체가 악(惡)인 줄 알지만 하나님의 선(善)을 이루기 위한 도구가 된다.

그러나 가난과 질병 그리고 그것들과 동반하는 고통은 그 고통을 당하고 있는 사람에게는 적어도 '악'이다. 그리고 '하나님의 선하심'에 비추어 가난과 질병은 분명 악이다. 이것을 구체적으로 지적하는 것이 오순절 신학이었으며, 또한 조용기 목사의 신학이었다. 적어도 이러한 신학적 결론은 때로 취약성을 나타낼 수도 있지만, 조 목사가 가난과 질병을 구체적으로 극복하기 위해 기도 응답을 받고 있었던 그의 목회 상황에서는 분명히 강력한 하나님의 응답이었다.

나의 젊은 시절에 가난과 질병은 분명 악이었다. 수없이 하나님이 나에게 유익을 주기 위해 가난과 질병을 주신 것이라고 생각해 보았지만, 언제나 하나님에 대한 깊은 회의에 빠지고 말았다. 하나님은 때로 인간의 죄 때문에 가난과 질병을 허락하신다. 신학적으로 우리는 그것을 '유기'(遺棄)라고 말한다. 영어로 유기라는 단어는 '비난'(reprobation)의 뜻을 소지하고 있다. 오히려 독일 말은 영어의 뜻보다 명확하다. '버려둠'(verlassenheit)이다. 인간의 고집 때문에 하나님이 인간을 잠시 버려두신다는 말이다.

문제는 조용기 목사가 가난과 질병은 분명히 우리 시대의 악이라고 지적했을 그 당시에 아무도 그렇게 분명하고 단호하게 말한 사람이 없었다는 점이다. 분명한 신학적인 결단이었다. 그의 지적은 적어도 나와 그 당시 가난과 질병으로 고통 가운데 있었던 모든 이들에게는 분명한 문제임을 제시해 주었다. 그리고 가난과 고통의 제공자는 마귀라고 하는 사실을 가르쳐 주었다. 무엇이 문제이고, 어떻게 하면 문제가 해결될 수 있는지가 밝혀지는 순간이었다.

신학자는 단지 종래의 신학적인 지식을 답습하는 자가 아니다. 적어도 신학자는 자기 시대의 문제점을 나름대로 직시하여, 자신의 신학적 깨달음을 다음 세대의 다른 이들에게 전해 주어야 할 사명이 있다. 그리고 자기 자신만의 신앙적인 고백을 통해 다른 이들에게 영향을 주었다면, 그가 바로 신학자로 불릴 자격이 있는 사람이다.

02 오순절 신학과 신앙

지금까지 보아 왔듯이, 가난과 질병이 확실히 저주에 해당하며, '그 저주는 마귀가 원인 제공을 하고 있다'라고 하는 진술에 대해 정통 복음주의자들은 확신을 가지지 못한다. 그 이유는 이미 앞에서 언급했듯이, 하나님과 인간의 관계를 중시하는 정통 복음주의의 상관신학 때문이다. 그리고 하나님에 대한 신앙적인 태도에 따라 '가난과 질병'도 언제든지 축복이 될 수 있다고 생각하기 때문이다.

그런데 정통 복음주의 신학이 고수해 왔던바, 모든 세계의 원인을 다 하나님께 돌리는 유일신론적 사고를 강조하면 할수록 악의 기원에 대한 해답은 더욱 모호해진다. 차마 하나님이 그 원인자라고 말할 수는 없기 때문이다. 이런 논란의 공간은 유대교 신학에서나 가톨릭 신학 그리고 정통 복음주의 신학이 시원스럽게 처리할 수 없었던 영역이었다.

역사상 이런 문제에 대해 명쾌한 답변을 제공해 주었던 사람들이 있었다. 그들은 선과 악을 이원론적으로 나누어서 이해했던 기독교 초기의 영지주의자들이었다. 그리고 소위 하나님과 사탄의 대립적 관계를 역시 이원론적으로 나누어서 이해해 왔던 모든 신비주의적 사상들이었다.

그러나 현대에 와서 오순절 신앙이 초기에 오해를 받아왔듯이, 더 이상 영지주의적인 신앙으로만 몰아붙일 수 없게 되었다. 이미 교세와 시대적 분위기가 그것을 용납하지 않기 때문이다. 오순절 신앙이 이 세상을 하나님과 사탄 간의 긴장과 투쟁의 장소로 강조하면 강조할수록, 사실 기독교 발생 초기의 영지주의자들의 사고 지평 위에 동일하게 서 있게 된다는 것은 부인할 수 없는 사실이다.

문제는, 세계를 선과 악이라는 두 구분으로 나누어서 강조하면 할수록 하나님의 절대적 위치와 통치 영역은 극소화된다는 것이다. 그리고 하나님은 세상에 반쪽의 영향을 미치는 하나님이 된다. 바로 이것을 모든 정통신학은 우려했던 것이다. 그럼에도 불구하고 여전히 가난과 질병과 관련된 고통의 문제는 언제나 모든 시대마다 속 시원한 답변을 기다려 왔다.

지난 세기 중반까지 사람들은 오순절 신앙과 신학을 현대적 영지주의자들이라고 고소(告訴)했다. 오순절 신앙이 성령의 체험과 치유의 복음을 선포하면 할수록, 그런 신앙 체계 속에서 하나님과 마귀의 대결적 구도는 확실해진다. 이 때문에 정통 복음주의는 또다시, 한동안 오순절 신앙과 신학을 현대판 영지주의의 재현이라 치부하여 이단아로 만들었다. 실상 오순절 신앙은 처음부터 철학적 체계를 구사한 사념(思念)적인 종류의 신학이 아니었다. 삶의 현실로 다가온 하나님 나라와 부닥치고 두드려서 얻어진 실천적인 신앙이었다.

그런데 감사하게도 전 세계 교회는 새로운 이슈를 얻게 되었다. 이제 오순절 체험은 1960년 이래 모든 기독교 교파로 뻗어나가 1980년대 초반까지 소위 초교파 카리스마 운동으로 전파되었고 지난 세기를 넘어 오면서 세계 교회는 초대교회를 제외하고 인류 역사상 그렇게 보편적으로 성령의 이름을 불렀던 적이 없었다.

이제 오순절 신앙을 낡은 영지주의적 이단으로 낙인 찍으려는 잘못은 시정되어야 한다. 그리고 우리 자신을 초라하게 만드는 정통이라고 하는 그 자존심이 그리스도 안의 다른 형제들을 괴롭힌 우월의식이었다는 점을 인정해야만 할 때가 온 것 같다.

그리고 '가난과 질병'에 대한 확실한 답변을 제공할 수 없었던 정통 복음주의가 지닌 또 다른 문제점은 성령의 은사를 삭제해 버림으로 발생했다. 즉 사도시대 이후 성령의 은사가 종결되었다는 생각을 정통 복음주의가 계속 지니고 있었다는 말은 하나님의 성령의 사역을 단지 개념적인 것으로만 생각해 왔다는 것을 의미한다. 그리고 성령의 은사는 교회를 적으로부터 보호하기 위해 주어진 것인데, 그 은사를 종결시켰으니 자연적으로 실제 사람을 괴롭히고 있는 마귀 역시 관념적인 존재로 생각할 수밖에 없게 되었던 것이다.

결론적으로 초월하시는 하나님에 대한 강조가 거듭되면 될수록, 인간의 모든 고통은 세상에 만연한 고통의 문제와는 너무나도 동떨어져, 고통에 대한 해답은 모호해지기만 한다. 종교개혁 이후 수백 년간 유럽 기독교는 하나님의 계시를 철학적으로 이성적으로 해석해, 종교 개혁자들의 가슴의 신학을 교리중심의 철학적인 사변신학(思辨神學, The speculative theology)으로 바꾸어 놓았다. 그 결과 하나님, 성령, 심지어 마귀까지도 개념적이고 철학적인 존재로 변해 버리고 말았다. 그런 형편은 자유주의자들이나 소위 근본주의자들 역시 마찬가지였다.

내가 신학교를 다니던 35년 전 나의 스승들은 그러한 분위기 속에서 여전히 마귀의 실체를 실제적으로 인정하지 않았다. 단지 그들은 마귀의 실재, 즉 개념으로 우리 머릿속에 있다고만 인정했을 뿐이다. 그들 중에는 성령을 체험한 사람도 거의 없었고, 또한 성령의 은사도 믿지 않았다. 그들은 모든 가난과 질병에 대해 그저 하나님의 뜻이 어디 있는지 깨달을 때까지 참아야 한다는 말만 했던 것이다.

그런데 오순절 신학과 신앙은 우리가 고민해오던 문제들에 대해 분명한 해답을 제시해 주고 있다. '가난과 질병'이 저주이며, 마귀를 대적함으로 축복받고 치유되어야 한다고 가르치고 있기 때문이다. 물론 이 답변이 모든 상황에 다 올바른 것은 아니다. 소위 하나님과 인간 간의 언약에 대한 이행과 불이행이라는 관점으로 볼 때, 분명히 인간은 그 자신이 행한 선과 악의 행위대로 하나님의 정의의 심판대에 서게 되어 있다. 그러므로 심판 아래 있는 인간이 하나님께 징계를 받는다고 하는 사실은 분명 악과 고통을 통하여 하나님으로부터 직접적 고통을 입는다는 것을 의미한다. 때문에 하나님은 악과 고통의 동기 부여자이기도 하다.

이 끝없는 환원의 고리, 즉 하나님은 절대 그렇게 하실 까닭이 없는 '사랑의 하나님'과 우리를 징계하시는 분이라고 말하는 '정의의 하나님' 사이의 극한 이원론에서 하나님의 진정한 뜻을 찾기란 정말 힘들다. 찾는다고 해도 때로는 상황마다 답이 다 다르기 때문이다. 그것을 정통신학은 잘 알고 있기 때문에 침묵하는 것이다. 그러나 우리는 하나님의 본심을 믿자! "주께서 인생으로 고생하게 하시며 근심하게 하심은 본심이 아니시로다"(애 3:33). 그 말은 조용기 목사가 습관적으로 말하던 바로 "그 좋으신 하나님"

이라는 표현에 함축되어 있는 의미이기도 했다.

가난과 질병이 저주로 고통과 함께 다가오는 동안에는 분명 우리는 모든 고통으로부터 해방시켜 줄 구속을 하나님께로부터 기다려야만 한다. 그리고 한 걸음 더 나아가서 하나님의 구원을 성취시켜야만 한다. 이것이 복음이기 때문이다. 또한 그것이 그리스도의 십자가의 구속이기 때문이다. 오순절 신학이 하나님의 정의보다는 사랑을 강조한 측면이 분명히 있지만, 그들에게는 이러한 약점을 극복할 만한 그리스도의 구원의 총체적인 은총과 구속을 대단히 강조하고 있다.

나는 이러한 신앙의 결단과 실천을 지금까지 조용기 목사를 통해 보아왔다. 그리고 그의 그 신앙적인 결단과 믿음의 요청이 곧 하나님의 나라를 불러들여 놀라운 사건과 기적들을 일으키는 것을 보아왔다. 때문에 우리는 하나님의 나라를 이 지상에 불러들이며 하나님의 나라가 임하여야 함을 특별히 강조했던 조지 래드의 신학이 조 목사의 사고와 일치하고 있다는 점을 발견하게 된다. 그래서 그 연관성을 밝혀보는 일은 나의 과제 중의 하나이며, 또한 매우 흥미로운 일이라 생각한다.

오순절 신학은 처음부터 이론신학으로 출발하지 않았다. 현실의 경험으로부터 또한 성령의 체험으로부터 얻은 신앙의 축적이었다. 오히려 경험과 임상으로부터 얻은 것이기 때문에, 자기 제한적이면서도 솔직하게 하나님의 도움을 구한다. 마귀를 대적하는 성령의 은사와 역사(役事)를 믿기 때문에 오순절 신앙에서 마귀는 단지 개념적인 존재가 아니다. 오순절 신앙에서 마귀는 가난과 질병을 가져다 주는 실체(實體)이며, 현실(現實)이다. 조용기 목사의 신학과 신앙은 바로 이러한 확고한 자기 전제로부터 신앙과 신학을 출발시키고 있다.

그리고 조용기 목사는 역시 가난과 질병은 그리스도의 십자가의 대속으로 완전히 사라질 수 있다는 강한 믿음을 소지하고 있었다. 그리하여 이사야 53장의 '우리를 대신하는 양'을 설명할 때, 어린 양이신 예수께서 수난을 당하심으로 우리의 영혼과 육신의 문제인 죄와 질병을 실제로 모두 짊어지셨다는 것을 주장한다.

이러한 주장은 일반적으로 오순절 신학에서 거론되고 있지만, 이사야가 사용한 '대신'이라는 의미에 대한 조용기 목사의 주석은 분명 문맥과 단어의 의미를 제대로 파악한 탁월한 히브리어 해석이다. 대부분의 주석가들은 '이사야의 어린 양'이 실제적으로 우리의 죄와 질병을 대신한다는 뜻으로 쓰여 있음을 인정함에도, 단지 '우리 영혼의 구원을 위해 죄를 담당했다'는 것으로만 축소 해석할 뿐이다.

03 조지 래드와의 만남

조용기 목사와 조지 래드의 만남은 두 사람 모두 고통의 삶이 지배하는 이 세상에 하나님의 개입과 그 개입의 정당성을 주장했다는 점에서 서로 일치했다. 즉 양자 모두가 마귀에게 고통당하는 귀신 들린 자에 대한 예수의 치유를 하나님의 나라(하나님의 통치)가 그 귀신을 쫓아내고, 그 병든 자에게 쳐들어간 놀라운 사건으로 해석한다.

"그러나 내가 하나님의 성령을 힘입어 귀신을 쫓아내는 것이면 하나님의 나라가 이미(ephtazen, already) 너희에게 임하였느니라(The kingdom of God has come)." 즉 예수의 말씀은 귀신을 쫓아내는 사건이 곧 하나님의 나라(통치)가 실제로 나타난 증거라는 말씀이었다. 그리고 귀신이 쫓겨 나가고 있다면, 이는 하나님의 나라가 이미 이 세상 안에 들어왔다는 사실을 뜻한다.

예수는 세례 요한의 때에는 하나님의 나라가 단지 '손에 쥘 정도로 가까이 왔다'(The kingdom of God comes by hand, 마 4:17)라고 말씀하셨다. 그런데 요한의 사역이 끝나고 예수의 사역이 시작되면서, 특히 예수 자신이 귀신을 쫓아내는 사역을 하면서 "이미 하나님의 나라가 너희에게 임하였느니라"고 말씀하셨다.

조지 래드는 이 말씀을 통해 하나님의 나라가 이미(already) 이 지상에 예수와 함께 들어왔음을 주장한다. 그리고 또한 오순절 성령의 강림으로 그의 나라가 임하였다는 사실이 확증되었음을 주장한다. 조지 래드의 신학의 핵심이 담겨 있는 그의 글 《예수와 하나님의 나라》(G. E. Ladd, *Jesus and the Kingdom*, 1964)는 하나님이 이 세상 안에 역사하고 계신다는 사실을 예수가 언급하신 하나님의 나라에 대한 설명을 통해 사람들에게 다시 해설하고 있다.

조지 래드의 글은 하나님 나라에 대한 오랜 논쟁에 중요한 매듭을 짓고 있었다. 그의 글은 이미 지난 세기 초에 있었던, 앞으로 다가올 하나님의 나라에 대한 전통적인 슈바이처(A. Schweitzer)의 해석과, 1930년대 이미 이 땅에 실현된 하나님의 나라에 대한 다드(C. H. Dodd)의 주장을 합쳐 놓은 것과도 같았다.

슈바이처는 자신 이전의 무신론 신학자들인 베네딕트 스피노자(Benedict Spinoza) - 레이마러스(Reimarus) - 데이빗 스트라우스(David Strauss) - 르낭(Renan) - 브레데(Wrede)에 걸친, '기독교는 엄밀히 더 이상 과학으로서의 종교가 아니며, 또한 진정한 역사적 사실로서의 종교도 아니다'라는 시각에서 기독교를 이해하는 것은, 적어도 '기독교 그 자체의 성격', 즉 종말론적인 사상을 부인하는 행위라고 생각했다.

이러한 생각은 19세기 독일 베를린 학파를 이끌며 기독교의 유대·기독교 전통의 종말론적 사고를 거부하고 오직 우리가 변화시켜야 할 이 세상만이 '하나님의 나라'임을 천명한 알브레히트 리츨(Albrecht Ritschl)에 대항하여, 종말론적 재림 사상이야말로 유대·기독교 전통의 진수임을 주장한 요하네스 바이스(Johaness Weiss)의 생각이기도 했다.

앞으로 다가올 '하나님 나라'라는 개념은 과연 "유대 기독교인들은 하나님 나라에 대해 무엇을 생각하고 있었느냐"는 슈바이처의 물음이기도 했다. 그렇다고 해서 바로 그 '다가올 하나님의 나라'를 슈바이처가 믿있던 것은 아니었다. 유대·기독교 종말사상을 있는 그대로 잘 이해해 보자는 것 그 이상은 결코 아니었다. 어쨌든 슈바이처가 미래에 다가올 하나님의 나라를 믿지는 않았지만, 성경 속의 인물들과 예수 당시의 유대인들이 그렇게 믿고 있었다는 사실을 주장한 것은 분명 하나님 나라의 미래성을 주장하고 있었던 기독교로서는 반가운 소식이 아닐 수 없었다.

그런데 미래에 다가올 하나님의 나라에 대한 슈바이처의 종말론을 신랄하게 비판하고, 그의 논의에 새로운 방향을 제시한 사람이 있었다. 바로 찰스 다드(Charles Harold Dodd)였다. 다드는 슈바이처와는 달리 하나님 나라를 미래적인 것이 아닌 현재적인 것이라고 정반대로 주장했다. 다드는 예수의 초림과 함께 하나님 나라가 실현되었다고 하는 '실현된 종말론'(realized eschatology)을 제시했다. 다드는 그리스도의 재림, 심판의 날, 새 땅 등과 같이 신약에서 발견되는 미래 종말론적 요소들을 교회가 예수의 재림의 연기를 설명하기 위해 유대인의 묵시문학으로부터 도입하여 나중에 첨부한 것으로 해석했다. 그 역시 우리가 말하는 기독교 신앙을 전혀 가지고 있지 않았다.

조지 래드의 출발은 독일의 슈바이처나 영국의 다드와 의미가 달랐다. 슈바이처는 단지 성경 속의 유대인들이 막연하게나마 하나님 나라가 실제적으로 미래로부터 오게 될 것을 기대하고 있었다는 사실을 전했을 따름이다. 슈바이처는 신앙을 가지고 있지 않았다. 다드 역시 마찬가지였다.

다드는 예수님이 꿈꾸던 그 하나님의 나라는 예수 사건으로 이미 실현되었음을 주장했다. 그는 신앙을 가지고 있지 않았기 때문에 실제로 존재하는 하나님의 나라를 믿지 않았다. 단지 종교적인 의미의 공간 안에서 설명될 수 있는, 소위 성경 속의 유대인들이 기다리고 있었던 그 정신적인 하나님의 나라라는 것이 예수의 죽음으로 실현되었다고 주장할 따름이었다. 어쨌든, 슈바이처와 다드의 생각으로부터 기독교는 자신을 명확하게 설명할 언어의 도구를 얻게 되었던 것이다.

그런데 조지 래드는 달랐다. 래드는 실제로 하나님의 나라(하나님의 통치)가 예수님이 귀신을 내쫓을 때 임한 것으로 믿었다. 즉 이것은 후일 조용기 목사에게는 하나님 차원이 우리의 차원으로 침입해 오는 것으로 이해된다. 그리고 신앙을 가지고 있는 우리는 다가올 하나님의 나라와 이미 우리 안에 시작된 하나님 나라 사이의 긴장 속에 살면서, 오직 자신의 믿음을 통해서 주님의 나라를 실체화(實體化)시킬 수 있음을 주장했다.

래드는 '하나님 나라가 우리 가운데 들어왔다' 라고 하는 믿음을 통해, 하나님의 나라를 침노하기도 하고 당겨올 수도 있다는 가능성을 자신의 신학을 통해 열어 놓았던 것이다.

얼마나 놀라운 일인가! 탁월한 성경 주석을 통해 얻어진 한 위대한 조직신학자인 조지 래드의 사상이, 동시대에 전혀 다른 분위기 속에서 오직 하나님의 성령에 의해 목회에만 전념하고 있었던 조용기 목사에게도 동일하게 나타나고 있었다는 일이 놀랍기만 하다. "이 모든 일은 같은 한 성령이 행하사 그의 뜻대로 각 사람들에게"(고전 12:11) 자신을 나타내신 결과가 아니겠는가!

조지 래드의 신학은 예수님이 하나님의 나라를 몰고 이 땅에 오셨다는 사실만을 외치지 않았다. 조지 래드는 한 걸음 더 나아가서 예수님이 하나님의 나라가 이 땅에 올 수 있는 방법을 우리에게 전해 주었다고 말한다. 그리고 '예수님 역시 하나님의 나라에 대하여 믿음을 가진 사람들이 침노하거나 당겨올 수 있음을 선포했다' 는 사실을 그가 쓴 《하나님의 나라》(*George Eldon Ladd, The kingdom of God*, 1959)에서 우리에게 전해 주고 있다.

놀랍게도 조용기 목사는 2005년에 출판된 자신의 책 《나의 교회성장 이야기》(p.338)에서 동일한 표현을 쓰고 있다. 조 목사는 "미래를 믿음을 통하여 현재 안으로 몰고오는 일"이 진정한 믿음이라는 사상을 자신의 목회 초기부터 가지고 있었다고 말한다. 즉 조 목사의 말은 믿음을 통하여 미래로 상징되는 하나님의 나라를, 이 땅에서 실제적으로 현재화시켜서 능력과 기도 응답으로 나타낼 수 있다는 것을 확실히 믿음으로 고백하고 있다. 후에 언급하겠지만 이러한 사상은 조 목사의 "사차원 영성"으로 더욱 구체화된다.

이러한 신학사상은 "믿음으로 하나님의 나라를 선취적(先取的, proleptical)으로 앞당길 수 있다"라고 말한 풀러(R. H. Fuller)의 생각이었으며, 곧 조지 래드 신학의 핵심적인 내용이었다. 조용기 목사 자신이 풀러신학교의 조지 래드를 알고 있었든지 아니든지 간에, 하나님의 나라를 현실화하는 위대한 기적의 논리를 자신의 전 생애를 통하여 어렴풋이나마 신학적으로 개념화하고 있었다는 사실은 정말 놀라운 일이다. 실상 조 목사의 생각은 그의 목회 초기 1958년 이래 형성된 것을 볼 때, 오히려 이 '하나님의 미래를 현재화시킨다는 위대한 사상'은 조지 래드나 풀러의 생각과 더불어 거의 동시대에 형성되고 있었음을 알 수 있다.

나는 위대한 스승 조지 래드의 사상을 조용기 목사가 자신의 신앙 안에 가지고 있는 것을 보았다. 조지 래드는 지난 세기 오순절 신앙과 1960년대 이래의 초교파 카리스마 운동을 위한 중요한 신학적인 기반을 통해 제공했다. 그의 신학사상은 20여 년이 훨씬 지난 후 빈야드 운동의 기수였던 존 윔버(J. Wimber)와 피터 와그너(P. Wagner)가 일으킨 빈야드 운동을 통해 새롭게 해석됐다. 그런데 조 목사의 목회실천과 조지 래드의 신학사상은 그만큼 딱 들어맞다. 그러나 아이러니하게도 그들은 서로 몰랐다. 한 성령이 전혀 다른 상황의 사람에게 전혀 다르게 역사하셨기 때문이다.

조용기 목사는 1960년대 당시에 조지 래드를 몰랐겠지만, 그의 신학을 그대로 실천하고 실제화한 인물이었다. 즉 조지 래드는 자신의 신앙고백을 통해 신학이론을, 조용기 목사는 성령의 체험을 통해 하나님 나라의 신학을 실천한 사람들이었다. 이 때문에 그들은 지금까지 세계의 모든 카리스마운동과 성령의 역사를 강조하는 부류들의 중요한 신학적인 모델이 되고 있다.

다시 생각해보면, 지금부터 35년 전 폐결핵으로 피를 흘리며 죽어가고 있었던 나에게 조지 래드의 글은 가히 충격적이었다. 당시 하나님의 나라는 단지 죽어서만 가는 곳인 줄 알았지만, 이미 하나님의 나라가 우리 가운데 임하여 있다는 말이 얼마나 놀라웠는지! 그리고 하나님 나라가 주님의 몸이라고 부르심을 받은 나 자신에게 이미 임하셨다는 말이 내게는 매우 충격적이었다.

그리고 더욱이 다행스러웠던 것은 하나님의 나라가 내 속에 들어오고(invasion), 나의 가난과 질병을 일으키는 마귀의 어둠의 나라가 쫓겨나갔다는 믿음을 조 목사로부터 배울 수 있었다는 사실이다. 내게 조용기 목사의 신앙과 조지 래드의 신학이 없었다면, 8년간의 폐병을 고침 받는 일은 도무지 불가능했을 것이기 때문이다.

내 속에는 조용기 목사의 신앙과 조지 래드의 신학이 자연스럽게 해후하고 있었다. 나의 가난과 질병은 그것이 어떠한 의미로 다가오고 있든지 간에 분명히 저주라는 사실에 나는 동의를 했다. 그리고 그 저주는 하나님이 아닌 마귀가 내게 일으키고 있음 또한 동의했다. 그리고 하나님은 단지 하늘에 계신 분이 아니라 이미 내 속에 임하셨고, 하나님의 나라가 내게 들어왔다는 사실을 인정했을 때 얼마나 감격했는지……

나는 결핵 약과 모든 약들을 화장실에 버리고 하나님의 나라가 내게 들어왔음을 선포했다. 그리고 내 몸에 생긴 저주를 그리스도의 이름으로 쫓아내고 물리쳤다. 15일 동안 죽음의 언덕을 오르락내리락하면서 나는 결코 그 믿음을 잃지 않았다. 혼수상태로 보름을 지난 후, 나는 눈을 떴고 배고픔을 느꼈다. 정신없이 닥치는 대로 무엇이든지 먹었다. 그리고 꼬박 하루를 자고 난 후, 8년 동안의 저주로부터 완전히 벗어났다. 없어졌던 폐가 다시 생겨버린 것이다.

나는 마침내 해방되었다. 신학이나 신앙이 궁극적으로 인간을 진정 해방시킬 수 없다면 의미가 없다. 더군다나 가난과 질병 속에서 고통을 느꼈던 한 인간에게 해답이 주어지지 않는다면, 그 존재 가치는 무의미하다.

조용기 목사의 신앙과 신학은 고통의 시간에 있던 나를 구해 주었다. 그리고 마귀를 대항할 힘을 주었다. 그리고 조지 래드의 글들은 마침내 하나님의 나라가 내 속에 들어왔다는 사실을 깨닫게 해주었다. 한 사람은 예수의 체험과 성령의 체험을 통해 자기 속에 역사하시는 하나님과 그의 나라를 내게 가르쳐 주었고, 다른 한 사람은 성경의 가르침과 신학을 통해 진정으로 하나님 나라를 만지고 깨닫도록 해 주었다. 나는 신학이 인간을 변화시킬 수 있다는 사실에 회의적이었지만, 그때만큼은 나의 생각을 바꾸었다. 그들의 신앙과 신학이 나를 변화시켰기 때문이다.

Part 05

피터 침머링(P. Zimmerling)과 조용기 목사의 성령론

조용기 목사는 라이프치히 신과대학 피터 침머링 교수의 하이델베르크 신과대학의 교수자격 논문 주제인 《카리스마운동: 영성신학과의 대화》(*Die charismatischen Bewegungen: Theologie Spiritualität Anstöße zum Gespräch*)에서 중요한 인물로 다루어진다.

소위 '하비리타치온 슈리프트'(Habilitation Schrift)로 불리는 교수자격 논문은 적어도 박사학위를 받은 사람이 십여 년 동안 교수가 되기 위한 특별한 수학을 마쳐야만 쓸 수 있는 논문이다. 그리고 그것은 전 유럽 학계에 자신의 사상을 소개하는 논문이기도 하다. 그래서 조용기 목사가 그 논문의 중심인물이 되었다는 것은 절대적인 의미가 그에게 부여되었다는 것을 뜻한다. 유럽 신학자들의 신학 논쟁의 중심 대상이 되었다는 것을 의미하기 때문이다. 즉 조용기 목사가 논쟁거리가 되고 있다는 말은 그가 중요한 신학적인 사상을 지닌 신학자라는 것을 의미한다.

침머링의 글에 비친 조 목사는 특별히 독일 신학계에 중요한 신학적인 논쟁거리를 던져주고 있다. 성령에 대한 조 목사의 독특한 이해는 과거와 현재의 성령신학을 새롭게 거론하게 하는 실마리를 제공하고 있다. 침머링이 언급하고 있는 조 목사의 성령운동에 대하여 독일 신학계가 관심을 가지는 몇 가지 주제는 다음과 같다.

1) 조용기 목사가 주장하는 성령은 도대체 누구인가?
2) 조용기 목사의 성령 세례란 무엇이며, 또한 그의 성령 세례란 일반적으로 정통 복음주의 교회에서 주장되는 성령 세례와 어떻게 비교가 되는가?
3) 조용기 목사가 말하는 성령 세례를 받았다는 증거는 무엇인가?
4) 조용기 목사는 성령의 역할을 전체 구속 역사의 관점에서 어떻게 이해하고 있는가?

01 조용기 목사가 주장하는 성령은 누구인가?

조용기 목사는 성령을 정통신학에서의 고백처럼 '성삼위 중의 한 분'으로서 '개별적인 인격을 소지한 분'으로 생각한다. 우리가 이해하는 대로 그의 신앙고백은 극히 평범한 것 같아 보인다. 그러나 결코 그렇지 않다. "성령님께서 내게 이렇게 말씀하셨습니다"라고 시작하는 그의 말은 언제나 성령님과의 인격적인 대화로부터 출발한다.

성령과 인격적인 대화를 한다는 사실이 우리에게는 낯설지 않을지 몰라도, 이것은 굉장히 획기적인 성령에 대한 이해를 의미한다. 조용기 목사가 성령을 인격적인 대상으로 생각하기 시작한 것은, 그의 책 《나의 교회성장 이야기》(2005)의 기록을 보면, 서대문으로 교회를 이전하여 목회의 한계를 느낄 때였다고 한다. 아마도 1964년 즈음일 것이다.

그때 한국 교회가 지닌 성령에 대한 인식은 전혀 달랐다. 당시 한국의 정통 복음주의 교회는 세계 복음주의 교회들이 항상 그렇게 생각해 왔듯이 성령을 단지 교리 중에 언급되고 있는 하나님의 신성 중의 한(Uno) 본체(Ousius)를 지닌 인격적인 위격(hypostasis)으로, 단지 교리나 신조에서 가르친 대로 머릿속에서 개념으로만 정리하고 있었다.

성령에 대해 전통적으로 생각해왔던 '인격'(persona)과 '하나님의 능력'(dunamis)이라는 두 측면 중, 정통 복음주의 교회는 성령의 인격적인 면만을 강조해 오고 있었다. 그 결과 실상 성령은 교리에 언급된 하나의 영적인 실체를 설명하는 개념에 불과했다. 그러나 웨슬리 운동의 역사적 전통을 잇고 있었던, 전혀 다른 입장에 서 있었던 오순절 교회와 카리스마교회들은 성령에 대해 하나님의 능력(dunamis)을 특별히 강조함으로써 편향되게 생각했다.

한국 교회의 성령에 대한 인식은 우리 자신들의 잘못된 신학적인 태도로부터 온 것이기도 하지만, 그러나 그것은 분명 세계 교회의 큰 테두리 안에서 얻어진 잘못된 습관에 기인한 것이었다. 세계 기독교 교회사를 보면, 성령에 대한 오랜 잘못된 이해 관습이 흘러 내려오고 있음을 우리는 알 수 있다.

삼위일체에 대한 최초의 개념 정립은 바울 사도로부터 시작되었다(빌

2:6; 고후 13:13). 즉, 예수가 "하나님의 본체"(빌 2:6)라고 언급하는 바울의 주장이나, 성삼위를 동격에 두고, "주 예수 그리스도의 은혜와 하나님의 사랑과 성령의 교통하심이 너희 무리에게 함께 있을지어다"라고 축도를 하는 바울의 표현은 이미 그의 사고 안에 삼위일체에 대한 그림이 그려지고 있었음을 뜻한다.

그리고 "은사는 여러 가지나 성령은 같고 직분은 여러 가지나 주는 같으며 또 사역은 여러 가지나 모든 것을 모든 사람 가운데서 이루시는 하나님은 같으니"(고전 12:4-6)라고 말하는 바울의 머릿속에는 성령이나 아버지나 주님이 다 동일한 자리매김을 하고 있었던 것이다.

그런데 다른 사도들의 신학에는 유대인 특유의 하나님 아버지만을 강조하는 유일신론(唯一神論) 때문에, 예수님의 위치나 성령의 위치가 모호하게 설정되어 있었다. 그래서 그들은 예수가 단지 하나님의 아들 됨만을 강조했다.

이런 이유로 인해 유대 · 기독교 전통을 따랐던 모든 부류에서 항상 언급된 것은 '하나님의 아들' 예수였고, 후에 우주는 제 1의 유일한 존재(Being)와 제 2의 존재로서 그림자(Demigorus)이자, 그 유일한 존재의 말씀으로서 로고스(Logos)라고 하는 그리스 사상과 접목되어, 제 2인자로서의 하나님 아들이라는 개념이 형성되었다. 그것은 분명 예수를 피조물로 만드는 사상이었다.

이로 인해 하나님과 비슷한 본체(homoi(e)-ousius), 곧 하나님의 아들이라는 개념이 동방교회의 대주교였던 아리우스(Arius)로부터 나오게 되었던 것이다.

예수님의 위치를 하나님의 위치로 확고하게 한 것은 주후 325년경의 니

케아 회의(Council of Nicea 325)였다. 그때 아직 성령은 삼위 중 한 분으로 위치를 확고하게 가지지 못했다. 그런데 예수가 한 인격자(He)로 언급했던 성령은 예수의 하나님으로서의 승귀에 동반하여 하나님으로서의 자신의 위치를 후에 가지게 되었다. 후일 몇 차례에 걸쳐 소집된 콘스탄티노플 회의(381)와 칼케톤 회의(451)를 거치면서 교회는 성령의 위치를 삼위 중의 한 분으로 확고히 하게 한다.

하지만 서구인들의 분석적인 의식구조로는 삼위일체를 이해하기 어려웠다. 분석적인 사고 안에서는 무엇이든지 처음 시작은 셋(trinitas)이 아니라 언제나 하나(unus, to hen)이기 때문이다. 그렇기 때문에 서구 기독교인들은 성령을 성삼위 중의 한 분으로서 한 인격을 소지한 분(persona)으로 생각하고 있었지만, 언제나 '하나님의 힘'(dunamis) 혹은 '예수의 영'(His Spirit)으로 표기하는 습관을 가지고 있었다. 다시 말해 서방신학 안에서 성령은 독자적인 위치를 가지고 표현될 수 없는 분이었다.

이러한 문제점을 족히 잘 알고 있었던 몰트만은 삼위일체에 대한 이해를 서방신학의 특징인 분석적인 접근으로는 해결할 수 없고, 동방신학이 가지고 있었던 신비적이고 종합적인 이해인, 다른 관점에서 이해할 것을 제안한다. 즉, '인격적인 서로 간의 섬김'이라는 하나님 자신의 삶의 형식을 통하여 삼위를 이해하는 동방신학의 이해를 받아들이자는 것이었다.

이 주제는 1995년 몰트만의 내한 강연의 한 내용이었다. 몰트만은 성삼위의 삶의 내용과 관계를 설명하기 위해 동방교회가 사용하던 용어를 끄집어내었다. 즉 '페리코레시스'(Perichoresis)라는 용어였다.

몰트만이 말하는 하나님의 '인격적인 서로 간의 섬김'이라는 말로 사용된 이 페리코레시스란 용어는 기독교 삼위일체 개념을 형성하는 데 지대한 공헌을 한다. 그리고 이 용어는 동방의 터키 동쪽 출신인 바질(Basil)과 닛사의 그레고리우스(Gregorius Nyssenus)와 나지안주스의 그레고리(Gregory of Nazianzus)와 같은 갑바도기아의 신학자들이 만들어 낸 말이었다.

다시 말해 페리코레시스는 삼위의 하나님이 함께 춤을 추며 노래를 부른다는 뜻으로 사용되었다. 즉 아버지 하나님이 사역을 하실 때에는 아들 하나님과 성령 하나님께서 섬김으로 함께하셨다는 것이다. 그리고 아들 예수님이 사역하실 때에는 아버지 하나님과 성령 하나님이 후원하셨다는 것이다. 물론 성령께서 일하실 때에는 아버지와 아들 하나님은 그를 적극적으로 지지하신다는 말을 뜻한다.

몰트만과 독일 신학계는 서방의 전통적인 삼위일체에 대한 이해의 문제점을 잘 알고 있었다. 그런데 그들은 자신들이 해결할 수 없었던 문제점의 출구를 너무나도 엉뚱한 데서 발견한 것이다. 곧 동방신학으로부터가 아니라 오히려 지난 세기와 금세기에 이르는 오순절 교회의 성령운동으로부터였다. 오순절 운동이 일어나고 있는 동안 초대교회 이래 이토록 성령의 존재를 강조한 적이 없었고, 또한 이토록 성령이 삼위일체 중의 한 분으로 그 자리가 확고하게 확인된 적도 없었다.

자연히 오순절 신학의 성령 이해에 중대한 영향을 준 조용기 목사의 성령신학은 세계 기독교 교회사의 중심에 중요한 실마리(rote faden)를 제공해 준 계기가 되었다. 물론 조 목사는 자신이 성령에 대해 지니고 있었던 인격적인 이해와 더불어, 성령을 하나님의 능력이라는 측면만을 강조하고 있었던 당시의 풍토를 넘어 자신이 이상적인 방향으로 재해석하고 있다는 사실을 잘 몰랐을 것이다. 보통의 사람이 그런 생각을 했다면, 그것은 큰 영향을 주지 못했을 것이다.

그런데 세계 최대교회의 목회자이며, 세계 오순절 교회의 한 지도자였던 조 목사가 성령을 인격적인 기도의 대상으로 삼았다는 점은 특별한 것이었다. 바로 그의 신앙이 오늘날 세계 오순절 신앙의 핵심 모델이 되었기 때문이다.

사실, 조용기 목사의 성령 신학이 실상 돋보이는 점은 이전의 카리스마주의자들에게서는 발견되지 않는 인격적인 성령에 대한 이해 때문이다. 실제로 존 웨슬리(J. Wesley) 이래 1960년대 조 목사의 출현에 이르기까지 모든 카리스마 운동들과 오순절 운동들은 성령에 대해 삼위일체 중 제3위로서 성령의 인격(persona)에 관심이 있었던 것이 아니라, 성령의 사역(dunamis)에 초점을 두고 있었기 때문이다.

웨슬리와 미국의 조나단 에드워드와 찰스 피니에 의한 1, 2차 대각성운동을 지나오면서 모든 사람들은 성령이 성결의 영임을 주장했다. 어떤 이들은 단지 사역을 위한 능력을 제공해 주시는 분이거나(A. Torrey), 구원의 확신 위에 첨가되어야 할 "그 이상(The more)의 어떤 것"으로만 해석해 왔다. 후에 이러한 사상들은 오순절 신앙으로 스며들게 된다.

그런데 조용기 목사의 이 새로운 이해는 자신의 교회만이 아니라 한국교회와 세계교회에 중요한 신학적이며 신앙적인 사고의 전환을 몰고 왔다. 조 목사 자신이나, 그의 제자들은 조 목사의 위대성을 잘 몰랐겠지만, 그는 확실히 중요한 성령 이해를 가지고 있었다. 몰트만이 조 목사를 세계적인 신학자라고 평했던 이유 중의 하나가 바로 이 점 때문이었을 것이다.

02 조용기 목사의 성령 세례와 정통 복음주의의 성령 세례

조용기 목사는 '성령의 세례'라는 말을 보통 웨슬리 전통에 입각한 오순절교회 전통의 입장에서 이해하고 사용한다. 소위 웨슬리 전통의 입장에서는 성령 세례란 '예수님을 주로 고백함'으로 얻는 구원의 과정 그 이상의 무엇(The more)을 말한다.

조용기 목사는 《나의 교회성장 이야기》에서 "중생은 성령과 말씀으로 그리스도의 몸에 접붙임을 받고 새 생명을 받아들이는 체험이다. 성령세례는 하나님의 사역을 행함에 있어서 놀라운 봉사적 권능을 얻기 위하여 성도들이 반드시 체험해야 한다. 그러므로 성도들과 교회가 성공적인 신앙생활을 하기 위해서는 반드시 중생의 체험 위에 성령 세례의 체험을 해야 하는 것이다"라고 말한다.

찰스 피니(Charles G. Finney)에 의해 좀더 명확하게 사용된 성령 세례라고 하는 이 표현은 보통 정통 복음주의 교회들이 중생과 동일시하는 반면, 오순절교회나 카리스마를 지향하는 교회들에게는 하나님의 사역을 위한 특별한 체험을 뜻한다.

즉 성령의 세례란 영국의 대부흥사 찰스 스펄전(Charles H. Spurgeon)이 말한 것처럼, 모든 기독교인들이 신앙으로 얻게 되는 일차적인 하나님의 부르심(firstly calling)에 첨가하여, 이차적인 하나님의 부르심(secondary calling)을 위한 능력의 덧입히심을 말한다.

그런데 조용기 목사는 '성령의 세례'라는 말을 지난 100년의 오순절 전통의 의미를 뛰어넘어 폭넓게 사용하고 있다. 즉 그는 웨슬리, 피니, 파함, 그리고 오순절 교단에 이르는 모든 카리스마적 전통을 한국의 정통 복음주의(장로교)의 일반적인 견해를 고려해서, 자기 안에서 정리하고 자신의 방식대로 성령 세례에 대한 정의를 내리고 있다. 곧 성령을 인격의 영으로 이해하는 일반적 복음주의 교회들과 자신이 속해 있었던 오순절주의의 성령 이해를 종합했던 것이다.

불트만의 제자인 콘첼만(Hans Conzelmann)이 《신약신학의 뿌리》(*Grudriss der Theologie des Neuen Testaments*)에서 언급했듯이 성령에 대한 두 가지의 치우친 이해, 즉 인격(persona)을 강조하거나 혹은 능력(dunamis)만을 강조하는 것은 기독교의 역사적 전통으로 자리잡아 왔다. 이 성령에 대한 두 가지의 견해가 자연스럽게 종합되어 조용기 목사는 목회에 적용하고 있었던 것이다.

웨슬리는 성령의 세례를 '구원을 확신케 하는 영의 감동'으로 이해하고 있었다. 그는 1735년 5월 14일 그의 나이 32살에 영국 런던의 근교인 올더스게이트(Aldersgate)에 있었던 모라비안파의 예배에서 루터의 믿음에 대해 해석하는 설교를 들을 때, 가슴이 뜨거워지는 체험을 하게 된다. 실상 웨슬리는 자신이 기도한 사람들이 소위 성령의 불을 체험하고 방언을 하고 있었으나, 정작 자신은 그러지 못했다. 그럼에도 불구하고 웨슬리는 성령의 뜨거운 확신은 '자신의 구원이 보증을 받았다' 는 사실과, 평생 자신이 죄를 지을 의도성을 갖지 않도록 성령이 자신을 지켜 주신다는 사실을 신앙의 근거로 믿었다.

조용기 목사의 성령 세례의 성격은 분명히 일차적인 중생이 아닌 이차적인 것이었지만, 성령의 세례가 구원의 확신을 확고히 한다는 점에서 웨슬리와 입장을 같이한다. 그리고 성령의 세례가 성결의 힘을 가져다 준다는 의미에서 웨슬리와 피니의 성화를 강조하는 신학적 전통을 따른다. 그리고 토레이(R. A. Torrey)가 주장한 대로, 성령 세례란 역시 "봉사와 증거를 위한 위로부터의 능력"으로 생각한다.

그러므로 조용기 목사는 물로 세례를 받을 때에 성령 세례를 받는다는 생각은 잘못이라고 지적한다. 또한 성령의 감화 감동을 받아서 죄를 회개하고 예수님을 구주로 모시면 성령이 우리 속에 임재하지만, 성령 세례는 아니라고 역설한다.

무엇보다도 성령 세례를 받게 되면 하나님의 존재와 구원의 확신이 분명하게 다가오게 되므로, 구원의 확신을 갖기 위해서 성령 세례를 받아야 한다고 주장한다. 즉 조 목사는 성령 세례를 성령의 능력이라는 오순절 신학의 해석과 더불어, 장로교나 복음주의 교회들이 말하는 성령 충만의 의미로 함께 사용하고 있는 것이다.

장로교나 복음주의가 지닌 성령 이해에 따른 전통적인 입장에서 보면, 조용기 목사의 성령 이해는 두 번에 걸친 성령의 일, 이차적 사역을 강조하고 있는 것으로 이해된다. 장로교나 복음주의자들이 성령의 단회적인 임재만을 강조하고 있는 점에 비해 조 목사의 성령 이해는 분명히 다른 것이다.

다시 말해, 장로교나 일반 복음주의 신학의 입장에서 보면, 오순절신학에 대해 가해진 비판처럼, 조용기 목사의 성령 세례는 두 가지 오해를 소지한 것이 된다. 첫째로는 두 번의 구원 과정을 강조하는 오류를 범하고 있는 것처럼 보인다. 둘째로는 성령의 두 번째 사역을 강조함으로써, 첫 번째 성령의 사역을 무기력한 것으로 만든다. 즉 이 말은 두 번째 성령 체험을 얻기 위해 인간적인 노력이 강조되고, 그런 사고로 말미암아 모든 구원은 전적인 하나님의 사역임을 강조하는 정통복음주의 신학 자체를 거부하는 것으로 이해된다는 말이었다.

곧 조 목사는 오순절적 성령 이해로 인해 모든 오순절 신학의 성령 이해가 받았던 지난 과거의 비난을 고스란히 받아야만 했다.

이 때문에 조용기 목사가 인간의 노력으로 구원을 얻으려는 사고를 지녔다는 오해를 받고 한국 장로교로부터 오랫동안 이단(異端) 소리를 들어야만 했다. 조 목사는 정통 복음주의가 주장하는 대로 중생, 즉 '구원의 믿음의 결단'과 성령 세례를 동일시하는 것을 거절한다. 그는 "믿을 때 이미 성령을 받았다고 믿는 어리석고 나약한 자기 무능력에 빠진 변명을 단호히 버리고, 성경이 분명히 가르치고 또 명령하고 있는 성령의 충만한 세례를 받아야만 한다"라고 《나의 교회성장 이야기》에서 말한다.

그러므로 조용기 목사는 성령 세례가 능력 있는 목회사역을 위해서뿐 아니라 평신도에게는 신앙생활의 승리와 성공을 위해서 모든 성도가 꼭 받아야 하는 체험이며, 예수님의 명령임을 특별히 강조한다. 그리고 조 목사는 성령의 세례와 성령의 충만을 구분하지 않고 동일시한다. 그에게 있어서 성령의 세례는 곧 예수 그리스도로 충만함을 뜻하기 때문이다.

종래의 정통 복음주의 신학은 성령의 인격(persona)을 성령 충만의 부분으로, 성령의 능력(dunamis)을 소위 성령의 세례라고 하는 영역으로 이분화시켜 생각해 왔다. 그러나 실상 정통 복음주의 신학은 성령의 능력 사역에 대해서 사도시대 이후로 끝났다는 잘못된 교리 때문에, 성령의 능력이라는 부분을 인정하지도 언급하지도 않는다.

그런데 조용기 목사의 입장은 정통 복음주의 입장과는 달리 성령의 충만이나 성령의 세례를 동일시하고 있다는 점이 특이하다. 이러한 생각은 조 목사의 사고 안에서 잘 정리되어 있지는 않았지만, 분명 둘 중에 하나를 포기하는 정통 복음주의 성령 이해의 취약한 한계를 넘어서는 생각이었다.

일반적으로 정통 복음주의 교회들은 성령의 세례를 '예수를 자신의 주님이라고 하는 믿음의 고백을 자신 안에 발생시키는 하나님의 은총'으로 생각한다. 즉 믿음이 발생하면 그것은 이미 성령 세례에 의한 것이며, 곧 중생(重生, born again)된 것으로 생각한다. 그리고 일반적으로 정통 복음주의 교회들은 성령의 충만을 성령의 감동하심에 의한 인격적인 성장의 표시로 생각하고, 성령의 세례와 달리 생각한다.

이에 반하여 조용기 목사가 표현하는 성령의 세례란 정통 복음주의 교회의 입장인 초대교회만이 체험한 성령의 은사들로 한정짓지 않는다. 정통 복음주의 교회는 그런 성령의 세례는 사도시대 이후에 교회에서 사라졌다고 믿어 왔기 때문에, 더 이상 교회 안에서 성령의 능력 행함을 찾아볼 수 없게 된 것으로 믿는다.

결론적으로 조용기 목사의 성령 세례에 대한 입장은 정통 복음주의 교회들과는 분명히 다른 면을 보인다. 그러나 그의 생각을 단편적인 오순절 신학의 복사로만 생각해서만 안 된다. 그가 지적하는 것은 소위 정통교회라고 하는 부류 중 대부분의 교회가 구원에 대한 확신을 갖지 못했다는 점을 분명히 한다는 점이다. 분명 그는 성령의 세례를 강조하기 위해 중생을 부인하지는 않는다. 초대교회에는 실제로 중생과 성령의 세례 경험이 교차하는 경우가 많았다는 사실을 잘 알고 있기 때문이다.

그러므로 오히려 정통 복음주의라고 말하면서 성령의 세례를 모르는 교회가 있다면, "참다운 신학자는 영혼의 황홀한 충만(성령 세례, 혹은 성령 충만)으로 만들어진다"(Sola raptus mentis experienciae facit theologus, TR 1, nr. 46)는 루터의 말을 생각해 볼 필요가 있다. 우리는 이로써 잘못된 정통보다는 체험 위주의 신앙을 주장하는 오순절이 훨씬 낫다는 결론을 얻게 된다.

사실 근본주의적 장로교 신학의 입장에서 성령의 역사란 성령이 '말씀을 가지고'(cum verbo), 그리고 대부분의 장로교 전통은 '말씀을 통해서'(per verbum)라는 입장을 강조하여 오늘날 하나님은 성경만을 통해서 우리에게 말씀하신다는 점을 강조해 왔다. 특별히 성경 자체의 권위를 높이기 위해 "말씀을 통하여"라는 입장을 강조한 나머지, 엉뚱하게도 성령을 성경 안에 가두기도 하고, 성경을 하늘에서 뚝 떨어진 신비한 책으로 만들어 버리고 말았던 것이다.

이 신학적인 주장을 우리는 소위 '조명이론'(illumination theory)이라고 말한다. 즉, '성령이 말씀을 사용하여 우리의 심령에 비추신다' 라는 뜻인데, 이는 이미 네덜란드의 위대한 두 칼빈주의 신학자 아브라함 카이퍼와 바빙크에 의해 문제점이 지적된 바 있다. 초기의 조명이론은 마치 성경을 마술적인 힘(빛)을 가지고 하늘에서 내려온 양 취급하기 때문이다.

다시 말해, 성령이 주체(주인)로서 성경을 객체(도구)로 사용하신다는 해석이 아니었다. 그런 해석은 오늘날 성령이 강조되는 시기에 재해석되었던 것이다. 분명히 당시의 신학으로서는, 성경은 그 자체로 자신을 설명할 수 있는 자율성(autonomy)을 지닌 특별한 신비한 마술책으로 이해되었던 것이다.

이것 때문에 아브라함 카이퍼의 수제자였던 신학자이며 법학자인 칼빈주의자인 헤르만 도이베르트(Herman Dooyewerd) 박사는 "조명이론이란 너무나 사변적이고 이성적인 신학적 입장을 띤 후기 스콜라 철학의 영향 아래 만들어진 신학적 창작물"이라는 점을 분명히 지적한다. 그러나 말씀 신앙을 강조하는 한국 교회는 오랫동안 이러한 사상에 젖어 있다.

대부분의 사람들은 자신들이 '말씀 신앙'을 강조하면 할수록, 가상의 의식 공간에 성경을 스스로 자율성을 지닌 마술적이고도 신비적인 덩어리로 만들어 버리고 있다는 점을 의식하지 못한다.

03 성령 세례의 증거: 방언

19세기 말과 20세기 중반에 이르는 오순절 운동은 성령 세례의 증거로 방언을 꼽는다. 성도가 구원을 받고 그 이후 하나님의 사명에 응답하기 위한 증표로 성령 세례를 강조했던 오순절 신앙은 방언을 성령 세례의 증거로 주장했다. 그런데 이러한 오순절의 입장은 1960년대 전 세계적으로 초교파적인 카리스마 운동이 전개되면서, 성령의 은사가 성도들에게 다양하게 나타난다는 사실 때문에 방언 강조를 줄이고 있다.

성령 세례의 징표로서 방언의 역사를 살펴보면, 초대교회에 나타난 방언은 몇 가지 종류가 나타나고 있었다. 본인이 알지 못하는 외국어를 말하는 '제놀랄리아'(xenolalia), 상대방이 외국어로 말할 때 듣는 사람들이 자기 나라 말로 그 내용을 알아듣는 '헤테로글로솔랄리아'(heteroglossolalia), 혹은 듣는 소리가 없이 들리는 '아콜랄리아'(akolalia), 그리고 일반적으로 알지 못하는 언어로 발성되는 '글로솔라리아'(glossolalia)가 있었다(김호환, 《카리스마와 영성》, pp. 200-207).

방언에 대한 초기 기록은 성경에 나오는 다른 은사들과 별개의 것으로 취급하지는 않았다. 방언은 중세를 지나면서 신자의 최상의 경건의 증표이며, 하나님으로부터 은총을 입은 자라는 증표로 이해되기도 했다. 방언은 특히 교황을 선출할 때나, 때로 성인 추대 및 시복(施福)의 절차를 밟는 과정에서 상당한 가치가 있는 기적으로 받아들여진 듯하다.

성인 추대를 위한 3가지 교서가 밝히고 있는 바로는 방언이 성인 물망에 오른 사람의 경건성을 보증하는 증표들 가운데 하나라고 적혀 있다. 인문주의자였던 피우스(Pius) 2세는 1455년 비아센트 페레르(Viacent Ferrer)의 성인 추대식에서 그가 방언을 포함해서 마가복음 16장 17절 이하에 기록된 모든 은사들을 행했기 때문에 성인에 봉해진다고 선언됐다.

그런데 방언의 정당성은 방언 그 자체에 있었던 것이 아니었던 것 같다. 성인이 방언을 한다면 그것은 거룩한 하나님의 은사였다. 그러나 미천한 자들과 문제가 있는 사람들이 방언을 한다면, 그것은 곧 마귀의 말을 하는 사람으로 간주되었다. 중세의 이중 잣대가 엿보이는 장면이다. 실제로 종교개혁 당시 독일 남부 스위스 접경지역에 살았던 농민들이 방언을 하고 있다는 것 때문에 가톨릭과 개신교 양편으로부터 몰살당하기까지 했다는 사실이 이를 입증해 주고 있다.

현대에 와서 19세기 말 캔사스(Kansas) 토페카(Topeka)에 신학교를 세운 파함(Parham)은 방언을 성령 세례의 증표로 보았다. 그리고 방언을 예수 재림(행 1:18; 마 24:14) 직전의 거룩한 성도들의 징표로 인식했다. 파함은 벧엘 신학교가 마가의 다락방이 되기를 기도했다. 그러자 얼마 있지 않아서 신학교의 여제자 오즈먼(Agnes N. Ozman)이 마침내 방언을 체험하고 많은 신학생들에게 방언의 체험이 뒤따랐다.

파함이 제시한 방언에 대한 성경적 근거는 그의 흑인 제자였던 시모어(Seymour)에게도 큰 확신을 주었다. 그 확신은 시모어가 목회했던 로스앤젤레스의 아주사 거리(Azusa Steet)의 부흥기간(1906-1908) 내내 방언의 은사로 나타났다. 1960년대 이래로 방언은 초교파적 카리스마 운동의 분위기 속에 현재 나타나고 있는 다양한 은사들 중의 하나가 되었다. 그럼에도 불구하고 여전히 방언은 오순절 운동이나 그 이후에 일어난 카리스마 운동에 이르기까지 중요한 의미를 차지했다.

하나님의 성회 신학자인 프랭크 마키아(Frank Macchia)는 방언에 대해 신학적으로 이렇게 정의한다. "방언은 하나님이 자신을 드러내는 하나의 표시이며, 또한 '하나님 앞에서'(Coram Deo) 영적인 교감을 위한 하나님 나라의 언어이다." 그리고 마키아는 방언이 오토 베버(Otto Weber)가 말한 것처럼 '신비적 떨림과 매혹'의 언어라고 말한다. 곧 하나님에 의해 압도당한 자가 내뱉는 신비의 언어라는 것이다.

그의 논지(論旨)는 성령 세례가 하나님의 나타남, 즉 임재라 할 수 있는데, 바로 방언이 그 임재를 드러내는 상징이라는 것이다. 우리는 현대 오순절주의의 방언 경험과, 중세 이래로 강조되어 오던 관상기도(contemplation prayer)를 통한 하나님과의 만남이라는 기도 전통 사이에는 '거룩한 영적 교제'(sanctorum sprituale communio)라고 하는 놀랄 만한 유사성을 발견한다.

그런데 방언을 단지 현상적으로만 이해하려는 사람들이 있다. 사회학적으로, 심리학적으로 분석하려는 사람들에게서 방언은 부정적인 판단을 받는다. 방언이 미국 흑인사회나 백인 하류층에 많이 편만(遍滿)해 있다는 사실을 들어 사회적으로 눌린 자들의 심리적인 반응, 즉 콤플렉스의 언어라고 주장하는 이들도 있다. 혹은 방언을 집단 무의식의 산물이거나 개인의 잠재의식이 분출되어 나타난 것이라고 생각한다.

하지만 사도행전적 역사의 신빙성을 믿지 않거나, 믿는다고 해도 사도시대로 은사가 끝났다고 하는 은사 종말론적 사고를 넘어설 수 없다면, 분명 세계 오순절과 카리스마 교회의 전체 인구(약 5억 명) 중 상당수의 방언을 하고 있는 사람들은 사탄의 거짓 언어를 하고 있는 셈이다. 그들 전부를 사탄의 언어를 하고 있는 사람들로 간주할 수는 없다. 그리고 방언이 성령의 활동적인 임재임을 인정한다면, 확실히 방언은 새로운 은사의 세계를 여는 가능성으로 이해할 수도 있을 것이다.

방언이 하나님과의 대화라는 점에서 방언 기도를 하는 성도와 하나님 사이에는 '거룩한 의사소통'(sanctus communicatio)이 가능해진다. 거룩한 의사소통인 방언을 통하여 신앙이 돈독해지고(롬 8:15; 고후 4:13), 삶의 자유함을 느끼게 된다(고후 3:17). 치유를 가능케 하는 영의 통로를 만들며(고전 12:9), 또한 영적인 기도 연합을 통해 범세계적인 이해를 가능케 한다(행 2:5-11). 그리고 무엇보다도 중요한 것은 바로 한 영에 의하여 아바 아버지를 부르짖는 하나의 집단적인 지향적(intentional) 태도를 가능케 한다는 점이다. 이로써 방언은 공동체를 하나로 묶는 매개체가 된다.

또한 방언은 새로운 사명을 준다. 교회와 신자 자신의 덕을 세우기 위하여 존재해, 성도의 '약하고' '무능함'을 세우는 도구가 되어야 한다. 그리고 방언을 하는 자는 방언을 말함으로써 얻는 자랑보다는 그렇지 못한 자들 사이에서, 다른 이들을 위한 고통에 참여하며, 그들과 더불어 '균형'을 맞추어야 할 소명을 가지게 된다.

그러므로 조용기 목사는 방언이 성령 세례의 증표라고 주장함으로써 방언이 사도시대 이래 오늘날까지 존재하는 하나님의 은사라는 점을 강조한다. 조 목사 자신은 초기 오순절 성령의 역사가 일어날 때, 방언이 중요한 표적으로 먼저 나타나게 되었다는 사실을 강조한다. "그러므로 더듬는 입술과 다른 방언으로 그가 이 백성에게 말씀하시리라"는 이사야에 기록된 예언(사 28:11)이 마침내 종말인 현재에 성취되고 있다고 생각한다.

그 결과로 조용기 목사는 오순절 신앙과 함께 시작하여, 역시 방언이 성령 세례의 증표라고 믿었던 초기 오순절 교단 선배들의 견해를 그대로 받아들인다. 내가 대학생이었을 때, 종종 여의도순복음교회를 방문하면서 받은 인상은 '방언이 곧 성령 세례의 절대적인 징표'라는 것이었다. 그 후로도 이미 수십 년이 흘러갔다. 지금 내가 조 목사와 여의도순복음교회로부터 받고 있는 인상은 성령 세례의 증거로 반드시 방언만을 주장하는 것 같지는 않다는 점이다.

왜냐하면 일반적으로는 방언을 통해 다른 은사들이 드러나기도 하지만, 어떤 이들은 방언의 은사가 없어도 다른 성령의 은사들을 직접 행할 수 있기 때문이다. 그리고 방언만이 모든 그리스도인의 징표라고 주장할 수 없는 것이, 오순절 교회의 교인들 중 평균 4분의 1만이 방언을 하는 것으로 통계에 나타나기 때문이다.

그러나 그럼에도 불구하고 조용기 목사는 방언이 주는 유익성에 대하여 특별히 강조한다. 그리고 모든 성도가 다 방언 체험하기를 소원한다. 구원의 확신과 성령의 충만을 위해 방언이 중요한 수단이 된다는 것을 잘 알기 때문이다. 그러나 그것은 조 목사의 희망일 따름이다. 어느 통계를 보니 여의도순복음교회의 신자 25%만이 방언을 말하고 있다고 한다. 나는 75%의 다른 신자들에게도 하나님이 방언의 은사를 주시기를 바라지만, 각자 특별한 은사를 다양하게 다 나누어 주셨을 것으로 믿는다.

"다 사도이겠느냐 다 선지자이겠느냐 다 교사이겠느냐 다 능력을 행하는 자이겠느냐 다 병 고치는 은사를 가진 자이겠느냐 다 방언을 말하는 자이겠느냐 다 통역하는 자이겠느냐"(고전 12:29-30)는 바울의 말처럼 다 동일

할 수는 없기 때문이다.

조용기 목사가 그토록 방언의 중요성을 강조하는 것은 방언이 성령 세례의 증거일 뿐 아니라 방언이 주는 유익 때문이라고 생각된다. 조 목사는 바울이 자신 앞에 펼쳐진 고난과 고통을 이길 수 있었던 것은 기도의 힘을 잘 알고 있었기 때문이라고 믿는다. 그리고 조 목사는 바울의 기도의 힘은 원천적으로 '방언을 더 말함'(고전 14:18)으로부터 온 것으로 확신한다.

그럼에도 불구하고 1960년대 소위 오순절 운동이 초교파적인 은사운동으로 발전되어 갈 때 이 카리스마 운동이 특정 은사, 곧 방언만을 강조하지 않았다는 점이다. 따라서 방언은 성도에게 주어진 많은 종류의 은사 중의 하나에 불과하다는 인식이 자연스럽게 오순절 교단과 세계 카리스마 교회들에게 자리잡게 되었다.

오늘날에는 세계의 모든 교회들이 어느 정도 방언을 인정하고, 성령의 은사들을 인정하고 있지만, 여전히 어떤 정통 복음주의의 토양 중에는 방언을 사도시대에 끝난 것으로 가르치고 있다. 대표적으로 한국의 보수 장로교에 지대한 영향을 주고 있는 미국의 웨스트민스터 신학교(Westminster Seminary)가 이런 태도를 견지하고 있지만, 아이러니하게도 그 학교의 교수 가운데 어떤 이는 자신도 방언을 하고 있음을 서슴없이 밝히고 있다.

그런데 그 학교 출신이 교수로 있는 대부분의 한국의 보수주의 신학대학들은 그들의 영향으로 아직도 방언을 거부하고 있다. 근본적인 정통주의를 부르짖는 그러한 교회와 그 교회의 지도자들에 의해 주어진 편견이 얼마나 하나님의 은혜를 덧입는 데 방해가 되는지 심각하게 생각해 보아야 할 필요가 있다.

궁극적으로 생각해 볼 때, 조용기 목사의 방언에 대한 증거가 세계 오순절 운동의 시대적 조류 속에서는 특별한 것으로 보이지 않을 수 있으나, 적어도 그가 한국적 토양 속에서 방언기도를 목회에 적용시킨 것이 얼마나 한국교회로부터 지탄의 대상이 되었는지를 우리는 잘 알고 있다. 그리고 얼마나 많은 핍박과 논란을 불러 일으켰는지도 잘 알고 있다. 이 점이 우리가 조 목사를 한국의 성령 운동의 선구자라고 부르는 이유이다.

04 구속사와 성령의 역할

몰트만이나 침머링은 조용기 목사가 주장하는 성령의 시대적 역할과 관련해서 요아힘 폰 피오레(Joachim von Fiore)의 신학과 연계시킨다. 피오레는 12세기경의 사람으로서 신비주의적 경향을 소지한 수도원 원장이었다. 그는 요한계시록 14장 6절에 기록된 "천사가 가진 영원한 복음"이란 말을 자신의 신학의 주제로 삼는다. 즉 다가올 천년왕국에 대한 대망과 하나님의 구속의 역사를 삼등분하여 성삼위 하나님이 시대별로 나누어서 역사하신다고 주장했다.

다시 말해, 요하임 폰 피오레는 구약을 성부의 시대로, 신약을 성자의 시대로, 그리고 성령을 교회의 시대를 담당하는 것으로 한정하여 설명했다. 그리고 피오레는 특히 성령의 시대인 교회 시대는 계시록 12장에 기록되어 있는 대로 "철장의 권세를 소지한 아이"이신 예수님을 품은 여인이 용의 핍박을 피해 광야로 도망하여 1,260일을 있었다고 하는 기록을 통해 그 이후에 나타난다고 생각했다. 그리하여 그는 기원후 1260년 이후 새로운 성령의 시대가 교회에 나타나게 되고, 마침내 정의와 평화의 시대가 도래하게 될 것이라고 굳게 믿었다.

그렇다면 왜 몰트만은 요하임 폰 피오레를 조용기 목사에게 적용시켜 언급한 것일까? 그리고 침머링의 논문에서 거론되는 피오레와 조 목사의 상관관계는 무엇일지 그 이유를 밝혀보자.

1) 신비주의자 요하임 폰 피오레와 조용기 목사

몰트만이나 침머링이 언급하는 요하임 폰 피오레는 신비주의자였다. 그리고 그는 다가올 천년왕국에 대한 대망을 가지고 있었다. 마지막으로 역사를 성삼위 하나님의 구속 역사로 나누어 아버지, 아들, 그리고 성령의 시대로 구분했다. 그들은 조용기 목사를 피오레의 사상과 꼭 일치하는 인물로 보았다. 정말 조용기 목사는 피오레의 사상을 가졌는가? 그들은 정확한 판단을 하고 있는 것인가? 결론부터 말하면 맞을 수도 있고, 아닐 수도 있다.

그들이 조용기 목사와 요하임 폰 피오레를 신비주의자로 동일시한 것은 자신들의 눈에 비치는 조 목사가 신비주의적인 요소가 다분하다고 생각하는 데서 비롯된다. 독일 신학의 배경에서는 오순절 성령의 역사는 놀라운 것이지만, 또한 동시에 의심스러운 것이기 때문이다.

이러한 시각에는 독일 교회의 역사적 배경이 놓여 있다. 독일의 루터교회는 초기의 뜨거운 신앙 중심의 성향에서 벗어나, 후기 스콜라주의와 함께 수백 년의 조직적이며 철학적인 신앙 아래 자라왔다. 그리고 교회는 18세기의 슐라이에르마허(Shleiermacher) 이래 구 자유주의파와 19세기 말에 나타난 후기 자유주의자들에 의해 주도된 자유주의 논쟁에 오랫동안 휩싸여 왔다.

20세기에 들어서면서 독일 신학계는 크게 두 줄기의 신학적인 성향을 띠게 된다. 소위 기본적인 루터의 개신교 전통과 신앙적인 기조(基調)를 지키려는 칼 바르트를 추종하는 소위 신정통주의자들이라고 할 수 있는 칼 바르트 추종자들(Barthian)과, 이미 존재해 왔던 자유주의적 신학 전통과 다양한 종교학적 견해를 포함하여 탈 교리적 전통을 새로 만들려는 불트만을 따르는 불트만 추종자들(Bultmanian)로 나뉜다.

그런데 크리스토프 블룸하르트에게 영향을 받은 칼 바르트와 그의 신앙 노선을 따르는 전통 속에 신비적 체험과 사탄에 대한 학문적 이론을 발전시킨 튀빙겐(Tübinggen)신학대학의 노교수들이 아직도 있었지만, 이미 독일의 신앙은 하나님을 체험함을 잊어버린 지 오래가 되었다. 아마도 조용기 목사를 바라보는 몰트만이나 침머링도 마찬가지일 것이다.

몰트만은 보수적인 개혁파 교회의 신자이고 침머링은 오순절 성향의 신앙을 가졌지만, 성령 세례를 받아 방언을 하고 때로 방언 통역과 예언의 은사를 체험한다는 것은 전혀 상상할 수 없는 신비적인 행동일 수밖에 없기 때문이다.

오히려 한 세기 전에 살았던 네덜란드의 신학자 헤르만 바빙크(Herman Bavinck) 박사의 글을 보면, 사도시대 이후로 성령의 은사가 끝난 것이 아니라 아직도 종교적인 경험을 간접적으로 체험할 수 있음을 주장하고 있다. 그러나 불행하게도 지난 100여 년간 모든 복음주의 유럽신학자들 가운데 바빙크를 제외하고는, 성령에 의한 은사 체험적 신앙을 전향적으로 이해하려고 한 신학자가 없었던 것이 정말 애석한 점이다.

그러므로 몰트만이나 침머링이 성령운동에 대하여 전향적인 이해를 가지려고 노력한다고 해도 문제는, 그들이 성령의 은사를 체험하고 이해한다는 것은 처녀가 애를 낳는 경험을 하고, 또한 애를 낳는 진통을 이해할 수 있다는 말만큼이나 어려운 일이다. 그러니 그들이 조용기 목사를 심정적으로 이해한다고 해도 결코 성령의 체험으로 거듭난 사람이 아니고는, 성령을 알지 못하고 성령의 세례를 받은 사람을 알 수도 없는 것이다.

사실, 만일 사람들이 루터가 1516-1518년에 신비주의자 존 타울러(J. Tauler)의 책 《신비주의 신학》(Theologia Mystica)을 번역하면서, 《독일 신학》(Theologia Germania)으로 번역했다는 사실을 안다면, 신비 체험이 결코 부정적인 것만은 아니라는 사실을 인정하게 될 것이다. 루터 당시 신학의 성격은 지금의 시각으로 보면 신비주의 신학의 일종으로 보일 것이다. 실제로 루터는 성령에 의한 감동의 체험(체험적 성령 세례)이 없다면 목회자도 신학자도 될 자격이 없다고 잘라 말하곤 했다.

그리고 사람들은 존 칼빈이 깡마른 교조주의를 외친 사람이라고 생각한다. 그러나 칼빈은 데보티오 모데르나(Devotio Moderna)라고 하는 네덜란드에서 발생한 신비적 경건주의파에 속해 있었고, 그 일원이었던 프랑스의 경건한 신비주의자 게르손(Gerson)의 제자였다. 그런 까닭에 칼빈은 소위 "그리스도와의 연합"(Unio cum Christo)을 자신의 신학으로 삼았다. 그런데 그리스도와의 연합은 "신비적 합일"(Unio cum mystica)이라는 말에서 빌려왔다는 사실을 아는 사람은 드물다.

즉 존 칼빈도 오늘날의 눈으로 보면 신비주의자로 분류될 수 있는 성령의 사람이었다는 것이다. 후일 그의 "신비적 합일"의 신학은 청교도들에게 깊은 영향을 주었고, 청교도의 성령 체험 중심의 기도운동에 지대한 공헌을 했음을 기억할 필요가 있다.

후일 이 청교도 신앙은 사이먼 찬(Simon Chan)이 《영성신학》(Spiritual

Theology-A Systematic Study of the Christian Life, 1998)에서 언급한 것과 같이 두 부류로 나뉘는데, 율법적이며 교리 준수에 강조점을 둔 부류와 성령의 체험에 강조를 둔 부류이다. 후자인 성령의 체험과 성령과의 연합을 강조하는 부류가 미국 부흥운동에 영향을 미치고, 마침내 오순절 운동에도 깊은 영향을 주게 되는 것이다.

이상의 역사적 맥락에서 조용기 목사를 다시 한번 이해할 필요가 있다. 조 목사는 정말 신비주의자인가? 무슨 근거로 그렇게 생각하는가? 나는 조 목사의 신앙을 결코 루터나 칼빈과는 동떨어진 그 어떤 것으로 생각해 본 적이 없다. 조 목사는 바로 루터나 칼빈의 뜨거운 신앙 전통 위에 서 있는 익명(匿名)의 루터, 칼빈주의자라고 할 수 있기 때문이다.

2) 종말론자 요하임 폰 피오레와 조용기 목사

다음으로 몰트만과 침머링이 지적하는 점은 요하임 폰 피오레와 조 목사가 동일한 종말론자들이라는 주장이다. 그리스도의 종말이 곧 다가올 것이라는 급박감이 피오레나 조 목사에게서 동일하게 나타난다는 것이다. 그러나 아이러니하게도 독일 신학에서는 조 목사와 피오레가 미래의 종말론적인 대망인 희망을 기다린 사람들이었다는 점에서 오히려 긍정적인 것으로 이해되기도 한다.

역사상 모든 은사주의자들이 급박한 종말론적인 의식을 소지했던 것은 자신들에게 나타나고 있는 하나님의 임재 경험 때문인 것 같다. 피부로 느껴지는 주님의 다가오심 때문에 살아 있는 동안에 하나님의 나라가 주님과 함께 올 것이라는 확신이 더해진 것이다. 어쨌든 이런 경험은 요하임 폰 피오레나 조용기 목사만의 경험이라고는 볼 수 없다. 우리는 이러한 동일한 경우를 크리스토프 블룸하르트 부자를 통해 이미 본 바 있다.

때로는 주님의 재림에 대한 기대가 오히려 역사적으로 큰 물의를 일으킨 것이 사실이다. 종말론을 강조하면 할수록 긍정적인 요소보다 부정적인 요소들이 많이 작용했던 것도 사실이다. 그러나 그렇다고 그런 소망마저 버릴 수는 없는 일이 아닌가! 크리스토프 블룸하르트 역시 자신의 생애 동안 주님이 재림할 줄을 믿고 있었기에 언제나 재림을 준비하고 있었다. 이노우에 요시오가 블룸하르트 부자에 대한 글을 썼을 때, "기다리며 서두르며"라는 부제를 달았던 이유도 그 때문이었다.

그런데 몇 가지를 확실하게 해둘 필요가 있다. 실제로 독일 신학자들이 요아힘 폰 피오레나 조용기 목사의 종말론에 문제를 제기하는 것은 그 두 사람의 신학의 한계 때문이기보다는 독일 신학 사고의 한계 때문이라 할 수 있다.

즉 독일 신학에서 '역사의 끝에 주님이 재림한다'는 직선적인 역사인식은 19세기 독일의 기독교 역사가 랑케(Ranke)를 마지막으로 더 이상 존재하지 않는다. 이미 독일에는 종말론적 대망을 믿지 않았던 구 자유주의신학의 태동과 더불어, 새로이 등장한 실존주의가 직선적인 미래 역사의 종말론적 사건에 관심이 없었다. 오직 '삶의 상황'(Sitzen im Leben)에 직접 연관되는 역사성의 공간이 만들어 내는 인간의 한 단편인 시간성(상황성)에만 관심을 기울였다. 그러므로 더 이상 세상 끝에 주님이 재림할 것이라고 하는 기대는 종교적인 미신으로 간주되어 완전히 사라져 버렸다.

19세기 말 소위 베를린 학파에 속했던 리츨이나 하르나크, 그리고 헤르만 등에 의해 주도된 후기 자유주의신학과 그들의 제자들의 신학 안에는 더 이상 역사 끝에 올 주님의 재림은 존재하지 않았다.

더욱 문제가 된 것은 키에르케고르로부터 시작된 실존주의의 영향으로, 인간의 종말이라는 개념은 시간이나 역사의 끝에서 발생되는 그 무엇이 아니었다. 오히려 인간의 한계를 초월하는 충격의 공간에 나타나는 실존적 순간(existential augenblick)을 종말로 해석하는 철학적인 사고가 독일 신학에 굳게 자리잡게 되었던 것이다. 본래 역사의 끝에 종말이 올 것을 키에르케고르가 부인한 것은 아니지만, 본인의 의도와는 달리 유럽에 일어났던 불신앙 풍조는 죽음 이후나 역사의 종말보다는 삶의 순간적인 의미만을 강조하고 있었던 것이다.

그러한 이유로 '역사의 끝에 오실 주님'은 더 이상 신학적인 주제가 되지 못했다. 이미 앞에서 언급한 적이 있지만, 20세기 초에 잠시 튀빙겐의 신학자 바이스에게 영향을 받았던 슈바이처가 나타나서 성경 속의 유대인들과 예수의 제자들은 실제로 종말론적인 재림을 믿고 있었다는 사실을 증명했다. 그런데 그의 증명은 자신도 예수의 제자들과 같은 믿음이 있다는 사실을 증거한 것이 아니라 단지 성경 속의 사람들과 예수의 제자들이 그렇게 생각했다는 사실을 증언할 따름이었다. 실제로 슈바이처는 유대·기독교의 하나님을 믿지 않았다.

그러다 1950-60년대에 인기를 끌었던 역사신학자 볼프하르트 판넨베르크(Wolfhart Pannenberg)를 통해 '역사의 끝에 올 부활'이라는 주제로 역사의 종말이라는 주제가 반복되는 듯했다. 하지만 그 역시 너무나 관념적인 독일 신학의 체계 때문에 소위 헤겔식 역사주의 사고 체계의 영향과 테두리를 벗어나지 못했다.

그의 신학은 실존주의가 역사를 상실한 것에 대한 대안으로 출발하고 있었으나, 바르트로부터 배운 실존주의적 사고와 헤겔로부터 얻은 소위 하나님의 자기 계시로 알려진 틀, 정(thesis), 반(anti-thesis), 합(synthesis)을 자신의 역사 이해에 접목시킴으로써 보편적 역사 이해를 찾아내려고 했다.

그러나 역사의 끝에 다가올 부활을 모든 역사의 시간마다 연결시키려는 극히 이성주의적이고 역사주의적인 시도, 그리고 오히려 부활을 너무나도 과학적으로 설명하려 했기 때문에 도리어 신앙의 의미를 퇴색시키는 결과를 초래했다. 그리하여 판넨베르크는 신정통과 자유주의 양쪽으로부터 배척을 당했다.

이런저런 역사의 과정을 통해 오면서, 오늘날 독일 신학자들은 인간의 직선적 역사를 사실적으로 받아들여 역사의 끝에 나타날 종말을 생각하지도 인정하지도 않는다. 그리고 역시 독일 신학자들은 개인의 삶에 나타난 한순간의 의미나 역사의 의미만을 중시하는 실존주의적인 사고 습관에 젖어 있어, 요하임 폰 피오레와 조용기 목사의 역사에 대한 직선적인 사고는 진부하고 미신적이라는 결론을 내릴 수밖에 없는 것이다.

피오레의 종말론과 조용기 목사의 종말론은 다른 관점으로부터도 역시 비난을 받는다. 피오레나 조 목사는 역사를 세대별로 나누어서 이해하는 세대주의자(dispensationalism)들로 인정되기 때문이다. 우선 피오레와 조 목사는 역사를 성부, 성자, 성령시대로 단편적으로 나누어 생각하는 사람들로 간주된다.

그리고 조 목사의 경우는 특별히 교회시대가 끝날 무렵 성도들의 비밀 휴거(The secret rapture)라고 하는 대환난 전 성도들의 휴거를 강조한다. 조용기 목사는 그리스도인들은 마지막 대환난이 시작되기 전에 지상으로부터 하늘로 휴거당하기 때문에 환난을 모면하게 된다는 이른바 전환난설

(Pretribulationism)을 포함하고 있는 세대주의적 종말론을 주장한다.

본시 역사적 전통으로 내려오던 종말론은 세 가지 주장이 주류를 이루고 있었다. 대부분 예수가 천년왕국이라는 천년기(chiliasm) 전에 재림하실 것이라는 주장인 '천년기 전 재림설'(Premillennialism), 아니면 천년기 후에 재림할 것이라는 '천년기 후 재림설'(Postmillennialism), 그리고 일정한 기간을 정하지 않고 계시록 20장을 지상에 이루어질 축복의 천년이라고 해석하는 무천년설(A-millennialism) 등이다.

그런데 보수적인 미국교회는 자신들의 역사를 통해 독특한 새로운 세대주의적 종말론이라는 견해를 만들어 내었다. 이 세대주의적 종말론은 주로 오순절 신학이나 달라스 신학교, 탈봇 신학교, 무디 신학교들을 중심으로 침례교 신학에서 주장되었다.

모든 성경의 역사시대를 일곱으로 나누고, 특히 교회시대 이후에는 그리스도인들이 휴거하는 순간이 있으며, 그 후에는 7년 대환난의 시대가 전개되고, 이후 대심판이 전개된다고 믿는 믿음이었다. 이것은 짧은 역사 속에서 반복되는 문화혁명과 대내외적인 전쟁으로 시달리던 미국인들이 만들어 내놓은 미국인들만의 신앙이자 신학의 일종이었다.

조용기 목사는 미국 오순절의 세대주의적 종말론을 따랐다. 전통적인 장로교 신학의 입장에서 보면 극히 지지를 받지 못하는 이론을 선택한 것이다. 특별히 장로교가 많이 자리잡고 있는 한국적 상황에서는 자연 조 목사의 종말론은 환영받지 못했다. 이런 경우 종종 신학적인 이론이 잘못되었기 때문이라기보다는, 오히려 대다수의 교파들이 주장하는 신학적인 이론이 아니기 때문에 문제가 된다. 그러나 아이러니하게도 오늘날 가장 각광을 받고 있는 종말론은 미국의 세대주의 종말론이다. 미국 오순절로부터 영향을 받은, 세계적으로 기독교인들의 수가 가장 많은 오순절 교인들이 세대주의적인 종말론을 함께 추종하기 때문이다.

3) 성부, 성자 그리고 성령의 시대

몰트만이나 침머링이 조용기 신학을 비판했던 것은 조 목사가 하나님의 구원 역사, 즉 구속사를 삼등분하여 구약을 아버지의 사역 시대, 신약은 아들의 사역 시대, 그리고 교회시대는 성령의 사역 시대로 규정하고 있는 요하임 폰 피오레의 생각과 일치한다는 점에 있었다.

조용기 목사의 신학이 전통적인 오순절 교회가 채택한 세대주의적인 입장을 취하고 있다는 것은 사실이다. 그리고 사도시대 이후 교회의 역사를 통해 성령이 그리스도의 영으로서 대신 역사하고 있음을 강조하는 것도 사실이다. 이런 점은 분명 요하임 폰 피오레의 신학과 일치한다.

그런데 몰트만이나 침머링은 요하임 폰 피오레와 조용기 목사의 차이를 보지 못하고 있다. 피오레는 성부, 성자, 그리고 성령의 시대로 구속 역사를 나누었지만, 조용기 신학은 형식은 비슷하지만 내용의 질은 다르다. 조 목사의 신학은 성령 신학만이 전부가 아니다. 후에 언급하겠지만 그는 자기 나름대로의 십자가 신학을 강조한다.

내 생애에 조 목사만큼이나 예수의 대속사상을 강조하는 목사를 만난 적이 없다. 그는 성령을 강조하는 것 이상으로 십자가의 대속을 동시에 부르짖는다. 다시 말해 조 목사의 사고 속에는 성령과 동시에 그리스도의 피의 구속이라는 현재적인 체험이 동일하게 자리를 잡고 있었다는 것을 잊지 말아야 한다.

조 목사는 교회시대를 성령의 역사 시대라고 말한다. 그럼에도 불구하고 예수의 피 흘리신 사역을 끊임없이 강조한다. 그리고 예수가 구체적으로 교회에 역사(役事)하고 있음을 동시에 강조한다. 그의 신학이 잘 정리된 것은 아니지만, 그의 사고 구조는 분명히 신약시대 이후에 역사하는 성령과 예수가 함께 강조되는 틀을 가지고 있다는 점이다. 설교 때마다 성령의 역사와 임재 그리고 예수의 십자가의 피를 흘리심이 자연스럽게 강조되고 있는 것이 증거다.

덧붙여서 말하자면, 몰트만이나 침머링은 한국인이 갖고 있는 부성적 존재로서의 하나님 아버지에 대한 개념이 서양인이 도무지 이해할 수 없을 정도로 철저하다는 사실을 잘 모른다. 다시 말해 한국 교회의 예배 의식은 서양인들이 보기에 이상하리만큼 예배의 중심이 아버지 하나님께 초점이 맞추어져 있다. 가부장적 가족 구조 때문이거나 우리의 역사가 전체주의적인 구조에서 이루어져 왔기 때문일 것이다. 또한 한국 교인들만큼 예수의 이름을 예배 중에 자주 부르는 경우도 드물다.

거기다가 조용기 목사는 성령의 이름을 가장 많이 부르는 예배를 하고 있는데, 이는 자타가 공인할 만한 사실이다. 조 목사가 주도하는 예배에는 반드시 성삼위의 구체적인 이름이 불리고, 또한 성삼위 각자는 성도들로부터 기도를 받는 대상으로 거명되고 있다. 조 목사는 요하임 폰 피오레와는 전혀 다른 신학적인 내용의 질을 가지고 있다.

따라서 조용기 목사는 자신의 목회에 성령만을 강조하지 않는다. 그리고 예수만 강조한 적도 없다. 그렇다고 아버지 하나님을 그의 예배에서 잊은 적은 더군다나 없다. 그는 오히려 몰트만이 강조했던 하나님의 '페리코레시스'(pherichoresis), 즉 함께 춤추듯이 서로 조화가 잘 되는 삼위일체에 대한 이해를 가지고 있다. 결론적으로 그의 설교는 언제나 하나님으로부터 시작해서, 예수님의 구속이 설명되고, 성령님의 부탁으로 끝을 맺는다.

요하임 폰 피오레는 하나님에 대해 양태론적(modalistic) 이해를 가지고 있었다. 양태론적 이해란 하나님이 아버지로 나타났다가 아들로 다시 등장한다. 그리고는 성령으로 옷을 바꿔 입는다는 사고이다. 그렇지 않으면 한 하나님이 사역할 때는 다른 하나님들은 침묵만 지킨다는 논리를 요하임 폰 피오레는 고수한다. 이러한 사고는 우리 한국 교인들도 일반적으로 가지는 잘못된 사고이지만, 피오레만큼 그렇게 날카롭게 각 시대별로 성삼위 역할을 규정짓지는 않는다.

우리가 성령의 시대에는 삼위 중 성령만이 인간에게 역사한다고 주장하는 피오레의 신학에 비교해 볼 때, 성령의 시대를 인정하기는 하나 인간 한 개인의 사건에 성삼위 하나님이 함께 관여하고 역사하는 조용기 목사의 신학과는 질적인 차이가 있음을 알 수 있다. 우리는 조 목사가 인도하는 모든 예배에 성삼위의 각 이름이 인격적으로 불리고 있다는 점을 기억해 두자.

조 목사의 위대함은 진정 조직신학자 차영배 교수가 지적했듯이 모든 한국 교회가 성령을 단지 능력으로만 이해하거나, 오히려 반대로 능력으로 이해하기보다는 인격을 강조한 나머지 성령을 단지 개념적으로만 소지하고 있을 때 그도 역시 그 가운데 있었지만, 그래도 조 목사만큼 예배 중에 삼위 하나님에 대해 균형을 갖추어 호칭을 사용한 이는 드물었던 것 같다.

이제 우리는 궁극적으로 몇 가지 결론에 도달하게 된다. 우선 조용기 목사의 성령에 대한 이해는 정통 복음주의 교회에서나 카리스마적인 성향을 가진 교회에서는 찾아볼 수 없는 인격성을 가졌다는 점이다. 모든 교회들이 성령을 삼위 하나님이라 부르면서도 실제로는 하나님에게 속한 어떤 능력(dunamis), 혹은 예수에게 종속한 중재자(The agent)로 은연중에 생각한 것에 비해, 조 목사는 성령을 삼위 한 분으로 인격적인 호칭을 사용했다.

사실, 과거 성령의 존재는 독일의 신학과 교회 그리고 유럽의 모든 교회 전통에서는 하나의 거룩한 개념, 혹은 실체(實體) 없는 실재(實在)에 불과했다. 그리고 카리스마적인 교회들은 성령을 설명하는 인격과 능력이라는 면에서 특히 능력에 치중하는 오랜 습관을 지녀왔다.

이러한 분위기 속에서 조용기 목사가 유독 성령을 인격적인 기도의 대상으로 여기고 생활 속에서 대화해 왔다는 사실은, 그가 신학적인 성찰을 지니고 있었든, 아니든 간에 누구보다 더 탁월한 성령 이해를 가지고 있었고, 또한 성삼위일체의 신학을 누구보다 더 구체적으로 그의 목회에 실천하고 있었다는 점에 우리 모두는 동의해야만 한다. 실제로 조 목사는 그의 목회 초기부터 성령을 기도 중에 인격적인 대화의 상대로 여기고 있었고, 또한 그의 예배에는 성령에게 기도하는 실천을 항상 보여 주었다.

그리고 결론적으로 요약해보면, 조용기 목사는 성령의 세례에 관해서 정통 복음주의 교회들의 입장과는 다른 태도를 보인다. 즉 오순절 전통의 신학을 자신의 신학으로 고수한다. 다시 말해, 정통 복음주의 교회들이 예수를 구주로 고백하는 것을 성령의 세례를 받은 것으로 여기는 반면, 조 목사는 구원에 대한 깊은 확증을 원한다. 그리고 하나님의 부르심에 합당한 존재가 되기 위해 하늘로부터 오는 성령의 세례, 즉 "더 이상(The More)의 그 무엇"을 구한다.

정통 복음주의 교회와 조용기 목사의 성령 세례에 대한 견해 차이는 역사상 루터와 칼빈에 의해 이루어진 초기 개신교 교회와 오늘날 미국 침례교회의 전신인 재세례파(Anabaptist) 간의 갈등 가운데서도 발견된다. 그리고 구원에 대해 무감각해진 스코틀랜드 칼빈주의 교회와 영국의 고교회 출신으로 새로운 개혁을 원했던 존 웨슬리 부흥운동 간의 갈등 가운데서도 발견된다. 그리고 이 쌍방 간의 비슷한 갈등은 1, 2차 대각성운동을 거치면서 정통 복음주의와 오순절 운동을 포함한 카리스마 운동 간의 견해 차이로 여전히 오늘날에도 남아 있다.

사실 쌍방 간의 갈등이 만들어 낸 문제의 심각성은 훨씬 복잡하지만 그 핵심은 간단하다. '하나님을 구체적으로 체험했는가, 아닌가'에 달려 있다. 정통 복음주의는 언제나 구원을 이론적이며 교리적인 입장으로 접근한다. 다른 편에 서 있는 사람들은 구체적인 체험을 원한다. 그 체험이 바로 조용기 목사가 그토록 강조하는 성령에 의한 체험, 곧 성령의 세례인 것이다.

조 목사에게 있어서 성령의 세례는 이 세상을 살아갈 수 있는 원천이자 하나님의 뜻을 따라 살 수 있는 소명을 이룰 수 있는 힘이다. 그리고 하나님의 자녀로 거룩하게 살 수 있는 예수 충만, 곧 성령 충만이다. 그러므로 성령 세례는 기독교인이라면 누구든지 필수적으로 받아야 한다고 믿는다.

따라서 조용기 목사는 기독교인들이 자신이 성령 세례를 받았는지, 받지 못했는지를 확인해야 한다고 믿는다. 이때 방언은 그 확인을 위한 시금석으로 작용한다. 성령을 받았다면 방언을 해야 한다. 그리고 또한 성도는 방언을 구해야만 한다. 방언을 통해 하나님의 살아 계심을 자기 안에서 체험할 수 있기 때문이다. 그리고 방언은 매사에 영적 생활에 도움이 되기 때문이다. 이 때문에 조 목사는 그토록 방언을 강조한다.

그리고 조용기 목사는 이 시대 교회를 인도하시는 분은 성령님이라고 굳건히 믿는다. 오늘날 이러한 슬로건은 모든 신학자들마저도 심정적으로 동의하는 일반적인 사실이지만, 이것 때문에 독일 신학자들은 조 목사를 구속의 역사를 삼등분해서 아버지, 아들, 성령의 시대로 나눈 요하임 폰 피오레와 동일시한다. 그러나 분명 조 목사는 요하임 폰 피오레와는 다르다.

그는 오히려 가장 삼위일체에 대한 균형 잡힌 사고를 지닌 실천신학자(實踐神學者)이다. 그에게는 성령(God Holy Spirit)이 언제나 대화의 대상이었으며 예수(God Son)에 대한 회상(回想)이 그의 예배에서 빠진 적이 없다. 그리고 아버지에 대한 위치가 언제나 절대적으로 중요하게 인식되는 한국 교회의 특징 속에서는, 하나님 아버지(God Vater)가 교회의 사역에서 결코 제외될 수가 없기 때문이다.

그러므로 조용기 목사의 성부시대, 성자시대, 그리고 성령시대는 한 하나님이 시대마다 옷을 바꿔 입고 나타나거나, 오직 각 시대마다 한 하나님만이 역사한다고 믿는 양태론(樣態論)적 이해와는 거리가 멀다. 왜냐하면 그의 예배에는 언제나 성삼위의 이름이 불리기 때문이다. 성령을 부르고, 십자가 구속을 절대적으로 강조하고, 또한 하나님 아버지께 기도하기 때문이다.

오히려 조 목사는 하나님 아버지가 역사하시던 구약시대에는 아들과 성령이 조력하고, 아들 예수가 사역하시던 신약시대에는 아버지와 성령이 후원하시고, 마침내 신약시대는 아버지의 후원과 아들의 부탁을 받은 성령의 사역이 전개되고 있다고 생각한다.

그러므로 조용기 목사가 이해하는 성삼위의 사역은 오히려 요하임 폰 피오레적이라기보다는, '요하임 폰 피오레의 생각을 조 목사가 가지고 있다'는 주장을 펴고 있는 몰트만 그 자신의 신학, 즉 삼위의 섬김을 바탕으로 둔 '페리코레시스' 신학과도 일치한다고 할 수 있다. 조 목사의 인식에는 성삼위의 역할이 뚜렷하고, 또한 성삼위가 동시에 예배 중 경배의 대상으로 불린다고 하는 사실은 그가 결코 요하임 폰 피오레가 될 수 없다는 증거인 것이다. 다시 말해, 한 위가 역사하실 때 다른 두 위는 함께 후원하신다는 갑파도기아 신학자들의 정통 '페리코레시스'(pherichoresis) 사상을 오히려 조 목사가 가지고 있다는 말이다.

Part 06

오순절 신학과 조용기 신학의 만남

조용기 목사의 신학 사상은 2008년 국제신학연구원에서 펴낸 《여의도의 목회자》라는 책의 표지에 쓰인 자신의 표현대로 "3중축복과 사차원 영성, 그리고 오중복음은 나의 신학의 핵심입니다"라고 하는 말로 압축된다.

그의 고백으로부터 우리는 그가 지난 한 시대의 오순절 신학 가운데 배출된 출중한 목회자요, 신학자라는 사실을 발견하게 된다. 그의 신학의 핵심이 이 오중복음에 집중되어 있기 때문이다. 그런데 조용기 목사를 단순히 과거의 오순절 신학이 만들어 낸 한 사람의 목회자이며 신학자로만 생각할 수 없다. 왜냐하면 그는 이미 자신의 신학으로 소위 삼박자 구원이라는 '3중축복'(영, 혼, 육의 축복), '오중복음'(중생, 성령세례, 축복, 신유, 재림), 그리고 믿음으로 하나님의 나라인 사차원의 세계를 현재로 당겨온다고 하는 '사차원 영성'이라는 독특한 자신만의 신학을 만들어 내었기 때문이다.

사람들은 조용기 목사의 신학은 오순절 신학의 복사판이거나 그 수준에 지나지 않는 수입신학에 불과하다고 혹평하기도 한다. 그러나 그것은 오해다. 모든 신학은 하늘에서 뚝 떨어지는 것이 결코 아니다. 이미 세워진 계단을 한 층 더 쌓는 일이다. 아무리 천재적이고 독창적인 사고를 지닌 사람이라도 결코 역사의 디딤돌을 밟지 않고 오늘을 세울 수 없는 것이다.

그런 의미에서 조용기 목사의 신학도 과거 오순절의 신학적 전통과 맞물려 있는 것이 사실이다. 여기서 분명한 것은 조 목사의 오중복음, 3중축복과 그리고 사차원 영성의 신학은 오순절 신학과 전통을 넘어 조 목사 자신의 독창적인 신학을 향하여 나아가고 있다는 사실이다. 이런 점에서 조 목사는 교파를 초월해서 옳다고 간주되는 모든 깨달음은 자신의 것으로 취하고, 반성하고 수정해야 할 모든 것은 단호히 버리는 열린 체계의 신학사상을 지니고 있다고 할 수 있다.

더욱이 흥미로운 것은, 말년의 조용기 목사는 완성된 신학 사상과 신앙의 성숙을 향하여 젊은날에 보였던 것과는 다른, 하나님에 대한 또 다른 접근을 구체적으로 드러내고 있다. 통상적인 복음주의 교회가 관심을 가지는 구령을 위한 복음전도와 선교의 틀 안에 안주하지 않고, 세계적인 범위로 넓혀나가되, 정치·사회구원과 자연 보존에 관한 신학적인 책임에 이르기까지 자신의 소명을 발견하고, 그 소명에 응답하고 있다는 점이다. 이 부분은 우리에게 그의 신학에 대한 연구를 위한 새로운 과제를 주는 부분이고, 역시 우리의 흥미를 끄는 부분이다.

01 오순절 신학의 전통과 배경

홀렌베거(Walter J. Hollenweger)가 쓴 《카리스마적 오순절 기독교》(*Charismatische pfingstliches Christentum*)에 보면, 모든 오순절 신학적 전통은 존 웨슬리로부터 기인한다. 그리고 조용기 목사는 그 전통의 역사적 흐름 가운데 중요한 한 사람으로 기록되어 있다.

존 웨슬리는 부모가 청교도 영향을 지닌 가톨릭 전통의 고교회, 즉 오늘날의 성공회 출신이었다. 웨슬리는 자신의 구원 문제로 고민하던 중 소위 모라비안파로 알려지는 칼빈주의자 친첸도르프(Zinzendorf) 백작을 헤른후트(Hernhoot)에서 만나 '하나님의 예정(豫定)'과 '하나님의 전적인 은혜로 의롭다' 하심을 받는다는 '칭의'(稱義) 사상을 배우게 된다. 그리고 영국의 올더스게이트의 한 모라비안 집회에서 루터의 칭의 사상에 대한 피터 팰터(Peter Pälter)의 설교를 듣던 중 가슴이 뜨거워지는 경험을 하게 된다.

그런데 웨슬리의 신앙은 청교도적 율법적인 신앙으로부터 출발했다. 웨슬리의 신앙은 '어떻게 하면 내가 구원을 받을 수 있을까' 라는 질문으로부터 시작된다. 구원에 대한 극히 율법적인 접근으로 시작된 웨슬리의 구원의 여정은, 자신은 도무지 하나님의 은총이 없이는 구원받을 수 없다는 사실을 모라비안파의 신앙을 받아들이면서 고백하게 된다. 이후 웨슬리는 뜨거운 불의 체험을 통해 더욱 그 사실을 깨닫게 된다.

많은 사람들은 웨슬리를 선행으로 구원을 얻는 것을 주장한 아르미니우스(Arminius)의 사상을 따랐던 사람으로 오해한다. 이러한 소문과 주장은 스코틀랜드 장로교 목사들의 편견으로부터 나오게 되었다. 그러나 웨슬리가 스코틀랜드 장로교 목사들과 싸웠던 이유는 당시 스코틀랜드 칼빈주의자들이 그리스도인으로서 마땅한 성결과 성화(聖化)를 잃어버리고, 오직 선행 없는 칭의만을 주장하는 반율법적(反律法的)인 태도를 지니고 있었기 때문이었다. 그리고 또한 웨슬리의 사역에 일어나고 있는 기이한 성령의 체험, 즉 방언하고 소리지르며 쓰러지는 체험과 불 체험과 병 고침을 받았다고 하는 사건들을 의심의 눈으로 보았기 때문이었다.

웨슬리는 구원의 두 측면인 '칭의'와 '성화'를 동시에 강조하고 있었다. 그것은 곧 칼빈이 주장했던 구원의 내용이었다. 믿는 자라면 구원받은 확신과 자신의 삶에 대한 성결은 동시적으로 확인되어야 한다. 그런 까닭에 웨슬리는 성화를 잃어버린 당시의 스코틀랜드 칼빈주의자들의 잘못된 반율법적인 태도를 신랄하게 비판하게 된다. 그러나 당시의 스코틀랜드 칼빈주의자들은 논쟁의 건너편에 서 있는 웨슬리를 율법주의에 속한 인간의 성화만을 부르짖는 아르미니우스주의자로 간주했다.

아르미니우스는 인간의 구원은 하나님의 은총에 합당한 자기 노력이 전제되어야 함을 강조한 네덜란드의 레이덴(Leiden) 대학 신학교수였다. 구원은 전적인 하나님의 은총이라고 가르쳤던 칼빈은 그를 전적으로 부정했고, 곧 이단으로 비판했다. 결국 스코틀랜드 장로교 목사들은 웨슬리를 성화만을 강조하는 아르미니우스주의자로 오해하고 비난을 거듭하기 시작했던 것이다.

그러나 칼빈은 《기독교강요》에서 언급하기를, "선행 없는 기독교를 나는 꿈속에라도 생각해 본 적이 없다"라고 언급한다. 칼빈 당시의 구원의 선(cutline)은 결코 칭의와 성화로 따로 구분해서 생각된 적이 없었다는 사실이다. 루터 역시 칭의와 성화는 동전의 앞면과 뒷면이라고 강조하기도 했다는 사실을 우리는 기억할 필요가 있다.

사실, 웨슬리는 친첸도르프에게서 배운 칼빈주의적 은총의 개념, 칭의 사상, 청교도였던 자기 조상들의 강력한 성결의 가르침, 그리고 뜨거운 성령의 체험이 그의 신앙과 신학의 바탕이 되었다. 웨슬리의 신앙 사상 안에는 후일에 일어날 오순절 운동과 신학의 틀이 이미 나타나고 있었던 것이다.

웨슬리보다 한참 후대에 형성된 오순절 신학은 웨슬리의 신앙 성격 중에 성령의 체험을 중요한 신학의 핵심으로 빌려왔다. 웨슬리의 성령 체험 사상은 그 자신은 그런 용어를 쓰기를 싫어했지만, 후에 미국 장로교 오버린(Oberlin) 신학교의 교수였던 찰스 피니에 의해 '성령 세례'라는 말로 사용되었다. 웨슬리의 은총에 의한 '전적 성화'(Entire Sanctification) 사상은 자연히 성결케 하는 영으로서 성령을 거론함으로써, 성결에 대한 강조와 더불어 성령 세례에 대한 신학으로 19세기 말과 20세기 초부터 오순절 신학에 편입되었다.

오순절 신학은 거의 20세기의 시작과 함께 모습을 드러내고 있었지만, 처음부터 제 신학의 모습을 갖추고 있지는 않았다. 오순절 신학의 초기에는 웨슬리 전통을 따라 구원을 강조하는 중생과 성령 세례만이 강조되었다. 직접적으로 당시에 오순절 신학이 형성되는 데 중요한 역할을 한 사람은 19세기 초의 에드워드 어빙(Edward Irving)이었다. 어빙은 영국의 장로교 목사로 동시대 미국 장로교 출신의 찰스 피니와 오하이오 오버린 신학교가 주장했던 성령 세례의 신학에 영향을 줌으로써 현대 오순절 신학의 원조가 되었다(David Allen, *The Unfailing Stream*, pp. 86, 87). 정말 놀라운 사실은 장로교 안에서 성령 체험을 한 사람들에 의해 오순절의 신앙과 신학의 기초가 형성되었다고 하는 사실이다.

장로교 목사직에서 면직을 당했던 에드워드 어빙은 교회시대에서의 성령의 사역과 역할을 강조했다. 어빙은 인간 예수보다는 성령의 위치를 더 강조했다. 그리고 "주님의 인성에 대한 가톨릭과 정통의 견해"(Edward Irving, The Orthodox and Catholic Doctrine of Our Lord's Human Nature)라는 글을 통하여, 예수는 죄를 지을 수 있는 인간이었으나, 성령을 받고 신인이 되었다고 주장했다(《카리스마와 영성》, p. 136). 예수의 신성을 약화시키는 발언을 했던 것이다.

어빙은 성령의 시대적 역할이 예수의 재림 때까지 교회시대를 통치함으로써 이루어진다고 하는, 요하임 폰 피오레의 주장과도 일치하는 생각을 했다. 어빙은 성령의 위치를 강조한 나머지, 당시에는 이단으로 정죄될 수밖에 없었다. 우리는 당시 아버지 하나님과 예수님에 대한 교회의 강조에 비해, 성령을 하나님으로 부르는 데 전혀 익숙하지 않았던 시대였음을 생각할 때, 어빙을 충분히 동정하게 된다.

에드워드 어빙이 살았던 때에는 모든 정통신학들이 성령의 은사의 종결을 주장했다. 그러나 어빙은 여전히 성령의 은사가 사도시대 이후 현재까지 끊이지 않고 있음을 주장했고, 또한 방언을 성령 세례의 증거로 믿었다. 그는 자신의 예배에 방언과 예언을 활용하기도 했다. 그가 영국 장로교단으로부터 이단 정죄를 받았던 이유는 아이러니하게도 성령을 너무 강조하는 데 있었다. 즉 예수가 주님이 될 수 있었던 것은 성령의 능력을 덧입으심 때문이었다는 주장을 함으로써 예수의 인성을 강조한 나머지 예수의 신성을 해치는 결과를 초래했다.

어빙의 생각은 당시의 신학으로서는 도무지 용납될 수 없었지만, 누가의 복음을 보면 초기 예수의 삶은 성령의 역사로 인도함을 받는, 주종관계로 비유하자면 성령에 비해 종적인 위치로(객체적으로) 언급되어 있다. 부활

이후의 예수와 성령의 관계는 오히려 관계가 도치된, 성령은 예수의 영으로 언급되어 있음을 확인할 수 있다. 그러나 당시의 경직된 신학 아래, 어빙의 생각이 정상 참작되거나 이해될 수 있는 자리는 더 이상 없었다.

한편 어빙의 교회에는 개신교 역사상 최초로 방언과 성령을 체험한 여성 사역자들이 있었다. 조용기 목사의 목회와 오순절 신학이 어빙을 통하여 어렴풋하게 그림이 그려지고 있었던 것이다. 후일 그가 꿈꾸었던 모든 것이 조 목사의 목회 속에서 재현되었다. 물론 조 목사는 어빙이 누구였는지, 그의 목회가 자신과 어떠한 연관이 있는지 전혀 몰랐을 것이다.

오늘날 오순절 신학은 중생, 성령 세례(성령 충만), 축복, 신유, 재림이라고 하는 주제들에 관심을 기울인다. 성령을 성결의 영으로 해석했던 19세기는 성결을 복음의 핵심으로 편입시켰다. 그리고 성령은 사역을 위한 능력의 영이었다. 성령 세례가 성결을 위한 것이라는 주장은 찰스 피니에 의해 고수되었다(Charles G. Finney, *Finny on Revivals*, p. 115).

성령이 복음사역을 위한 도구라고 하는 주장은 한국의 강원도 황지에서 선교사로 있었던 대천덕 신부의 할아버지, 르우벤 아처 토레이 1세(Reuben Archer Torrey I)의 신학에 의해 구체화되었다(David Allen, *The Unfailing Stream*, p. 99: Torrey, R. A, How to work for Christ, 1910). 후일 이러한 성령에 대한 두 사람의 생각은 오순절 신학에 접목되었고, 또한 조용기 목사의 신학을 통해서도 잘 나타나게 된다.

성령을 사역의 영으로 믿었던 사람들은 당시 선교 현장의 복음전도자들이었다. 19세기의 말 존 알렉산더 도위(John Alexander Dowie)의 공동체에는 수많은 치유의 역사들이 일어났다. 그는 호주인이었으나 미국의 미시건 호수 옆에 신앙촌(Zion City)을 세워, 흑인과 여성 사역자들을 교회의 리더로 등용했다. 그리고 그는 치유공동체를 만들었다. 성령은 이때부터 치유의 영으로 해석되었다(David Allen, *The Unfailed Stream*, p. 100). 도위는 후일 하나님의 성회(Assembly of God)와 오순절 교회의 창설 일원이 되었다. 그로부터 치유가 오순절 신앙의 뿌리로 이해되기 시작한 것이다.

이런 역사적 맥락과 영향으로, 20세기 오순절 운동의 기원자로 알려지고 있는 찰스 파함(Charles Pharham)에 의해 1898년에 세워진 캔사스 토페카의 벧엘신학교가, 본래 벧엘 치유학교(Bethel Healing Home)로 불렸던 것도 이 때문이었다.

1916년 백인 중심으로 모였던 오순절 교파의 '근본진리성명'(The Statement of Fundermental Truth)이라고 하는 오순절 교파의 초기 신앙고백서를 보면, '하나님의 치유'(Divine Healing)와 '성령의 세례'(Baptism in the Spirit)라고 하는 두 가지 신앙고백을 자신들의 가장 중요한 진리로 고백하고 있다. 오순절의 오중복음 중 두 가지 복음의 핵심이 이미 굳건히 자리를 잡고 있는 모습이다.

그런데 오순절 신앙의 오중복음을 형성하는 중요한 또 다른 주제인 그리스도의 재림에 관해서, 이미 오순절주의자들은 어느 정도 공통의 고백을 형성하고 있었다. 역사상 언제나 성령의 임재를 느꼈던 사람들은 주님의 임박한 재림을 기다리는 사람들이었다. 오순절 운동에 가담한 사람들도 결코 예외는 아니었다. 그들은 어빙과 도위가 주장한 대로 천년왕국설과 재림설을 자신들의 신학으로 받아들였다. 그들은 20세기에 들어오면서 그리스도 이후 2000년 즈음에 올 마지막 징후 직전의 부흥 운동을 자신들이 이끌었던 오순절 운동으로 생각했다. 그것은 바로 미국의 세대주의적인 역사해석이었다.

다시 말해, 이러한 연유(緣由)로 지난 세기에 들어오면서 유명한 플리머스 형제단(Plymouth Brethren)에 의해 주창된 세대주의적 '천년기 전 재림설'(dispensational premillennialism)은 일반적인 오순절 재림설의 상식이 되었다. 이로서 중생, 성령세례, 치유, 재림이라고 하는 오순절 신학의 덕목들이 자리를 잡게 된 것이다.

그런데 오순절 복음에는 아직 오중복음의 마지막 덕목인 축복이 나타나지 않고 있었다. 종래 전통적 교회들은 축복이라는 말을 사용하기를 꺼려했다. 특별히 축복이라는 말을 인간의 재화(財貨)와 연관해서 사용하는 것을 금기로 여겼다. 왜냐하면 물질은 아직도 악마적인 것이었기 때문이다.

이 금기를 깬 사람은 놀랍게도 많은 제네바의 상인들을 교인으로 둔 종교개혁자 칼빈이었다. 그리고 특별히 칼빈의 사상을 따랐던 청교도들은 유럽과 미국에서 검소하게 벌어들인 자신들의 돈을 하나님의 영광을 위한 도구로 사용해야 한다는 강한 신앙적인 집념이 있었다. 기독교 역사상 최초로 돈을 긍정적으로 해석하는 풍토가 형성된 것이다. 독일 사회학자인 막스 베버(M. Weber)는 이것을 《프로테스탄티즘의 윤리와 자본주의 정신》(*Die Protestantische Ethik und der Geist des Kapitalismus*)에 잘 기록하고 있다.

초기 오순절 신학에는 축복의 개념이 나타나지 않고 있었다. 더군다나 인간의 재화가 하나님의 영광을 위한 도구가 될 수 있다는 사상은 도무지 찾아볼 수가 없었다. 그러나 시간은 모든 사상을 반전시킨다. 1951년 세계실업인선교연합회(Full Gospel Men's Fellowship International)가 오랄 로버츠(Oral Roberts)의 지도를 받은 데모스 샤커린(Demos Shakarin)에 의해 만들어지면서, 세계선교를 위한 물질적인 축복은 구체적으로 복음의 덕목(德目)이 되었다. 그리고 오순절 신학의 마지막 덕목으로 채워진 이 축복이라는 개념은 마침내 "순복음"(Full Gospel)으로 자신의 이름을 내어 놓게 된다.

그러나 엉뚱하게도 이 오중복음의 마지막 복음은 전혀 시간과 장소 그리고 상황이 달랐던 한국의 한 목회자의 새로운 이해와 해석을 통해 자신의 이름을 달고 등장했다. 바로 조용기 목사는 오순절 오중복음의 마지막 축복이라는 주제를 가장 구체화시키고 새롭게 해석한 인물이었던 것이다.

02 조용기 목사의 신학 사상의 핵심

이미 앞에서 언급했던 바와 같이, 조용기 목사의 신학 사상의 핵심은 오순절의 오중복음에 있었다. 그리고 조 목사는 오중복음의 마지막 덕목인 축복의 신학을 구체화시킨 인물이었으며, 또한 오순절 전통의 오중복음의 순수한 전수자이기도 했다.

조용기 목사의 축복의 개념은 자신과 자신의 시대적 한계를 넘어서려한, 한 목회자의 신앙과 신학의 결정체였다. 조 목사는 삼박자 축복, 즉 "사랑하는 자여 네 영혼이 잘됨같이 네가 범사에 잘되고 강건하기를 내가 간구하노라"(요삼 1:2)라는 말을 자신의 희망의 신학을 위한 주석학적인 준거(準據)의 틀(The frame of reference)로 사용해 왔다. 그런데 이 주석학적 적용은 본문의 배경이 지니고 있는 역사적 상황에 비추어 정확하게 해석된 것은 아니었다. 오히려 이 성경 말씀은 조직신학적 이해에 따른 성경 해석을 통해, 조 목사 자신의 체험과 더불어 자기 신학을 설명할 수 있는 가장 적절한 문구였다.

사도 요한은 가이오(Gaius)에게 편지를 이렇게 쓴다. 요한삼서의 내용은 이렇게 말하고 있다. '주의 종들을 잘 접대하지 않고 오히려 교회 중에 으뜸 되기를 좋아했던 디오드레베(Diotrephes)는 영혼이 잘못되고, 범사가 안 될 것이며, 또한 강건하지도 않을 것이다. 오히려 주의 종들을 잘 접대하고 선행을 행하는 가이오와 데메드리오(Demetrius)는 내 영혼이 잘됨같이 범사에 잘되고 강건해질 것이다.'

조용기 목사는 이 특정적인 역사적 배경을 지닌 문구를 자신의 신앙적인 삶의 희망을 가장 잘 드러내는 문구로 선택한다. 즉 "네 영혼이 잘됨같이 범사가 잘되고, 또한 강건해지기를 바라노라"는 말은 조 목사 자신의 기도제목이기도 했지만, 가난과 질병으로 점철되었던 자신의 시대와 삶의 현장에 대해 가장 적절한 하나님의 응답이라고 생각했던 것이다. 그는 자신이 평소 생각해왔던 신앙의 내용을 가장 잘 설명해 주고 있는 성경구절을 요한의 글에서 발견한 셈이다.

이같은 조용기 목사의 해석은 결코 무리가 있는 것은 아니었다. "네 영혼이 잘됨같이 범사가 잘되고, 또한 강건해지기를 바라노라"는 말은 당시의 일반적인 인사로서 '당신이 잘되면 좋은 일입니다. 그러면 저도 잘될 것입니다'(si uales, bene est; ego ualeo)라는 뜻이었기 때문이다. 분명히 그 말의 뜻 안에는 물론 영혼이 잘되고 범사가 잘되고 육체가 강건해지기를 기원한다는 의미가 들어 있었다.

조용기 목사는 자신의 신앙의 핵심적 응답에 속했던 삼박자 축복을 구체적으로 어떻게 이룰 수 있는지, 그리고 자신에게 주어진 확신과 증거로 어떻게 하나님의 응답을 설명할 수 있는지를 깊이 생각한다. 그리고 바로 이러한 목회 경험의 실천 과정을 통해서 조 목사 자신의 사차원 영성의 신학이 구체적으로 모습을 드러내게 된 것이다.

1) 축복의 신학

오순절의 오중복음은 1914년 미국의 핫스프링스(Hot Springs)에서 벨(E. N. Bell) 목사가 최초의 오순절 교단의 총회를 주선할 때만 해도 단지 삼중복음 혹은 사중복음으로 알려져 있었다. 즉 중생, 성령세례, 치유 그리고 재림이다.

오순절 신학에 새로이 편입된 이 축복이라는 개념은 여러 뿌리를 통해 발전되고 있었다. 궁극적으로 축복의 개념은 조용기 목사 자신의 독특한 신앙 토양을 통해 새로운 신학으로 창조되어 전개되었다.

하나님의 축복은 조용기 목사가 목회했던 과거 한국에서만의 관심 주제가 아니었다. 오순절 신앙 전통 속에서 축복을 성도의 삶을 위한 중요한 덕목으로 주장하기 시작한 것은 역사적으로 19세기 말이었다. 바로 대학교수이자 회중교회 목사였던 찰스 웨슬리 에머슨(Charles Emerson) 때부터 축복은 구체적이고도 체계적으로 복음의 한 덕목으로 이해되기 시작했다.

1880년경 회중교회의 담임목사이며, 보스턴(Boston)에 에머슨 대학(Emerson College)을 세웠던 에머슨은 소위 '새로운 형이상학적인 사고'(New thought Metaphysics)로 불렸던 긍정적 사고 철학을 내어 놓았다. 그의 긍정적 사고는 우리가 사실로 인정해야 할 진정한 실재는 영이기 때문에, 긍정적인 사고를 통해 긍정적인 고백을 함으로써 자신이 바라던 것을 획득할 수 있다는 믿음을 바탕으로 출발하고 있었다.

그리고 에머슨의 긍정철학은 초기 오순절 운동이 끝나가던 1950년대의 소위 예수 재림 전에 나타날 "늦은 비" 운동의 영향 아래 케니언(E. W. Kenyon)에 의해 가장 미국적인 신학으로 재탄생하는 과정을 거친다. 케니언은 에머슨의 긍정철학을 긍정적인 사고를 강조한 "믿음의 말씀운동"(The movement of Word Faith)으로 전개시켰다. 케니언은 '신앙의 말은 반드시 현실화된다' 라고 하는 기치하에 부와 행복과 건강의 열쇠는 바로 자신의 신앙에 있다고 주장했다.

그리고 그리스도는 우리의 죄와 병을 대신 지셨으므로 더 이상 병과 죄를 짊어질 이유가 없다고 믿었다. 그러므로 신자의 가난도 역시 그리스도가 대신 가난해지심으로써 부(富)로 채워지게 되었다고 믿었다(E. W. Kenyon, *Jesus Healer* (Seattle: Kenyon's Gospel Publishing Society, 1943) pp. 24, 26). 때문에 케니언은 이러한 논리로 그리스도의 "대신"(destitution)이라는 개념을 예수가 실제로 지옥에 끌려가서 십자가의 고난 외에 다른 영의 고통도 당했다고 이해한다. 그러나 그는 마침내 예수가 지옥을 깨고 승리하셨다고 믿었다. 따라서 조용기 목사의 질병을 "대신 지고"라는 개념은 케니언과 해긴(Kenyon-Hagin)의 생각을 발전시킨 것이라 할 수 있다.

케니언의 생각은 오순절 교단에 속해 있었던 케네스 해긴(Kenneth Hagin)에게 깊이 영향을 주었다. 그리고 해긴의 뒤를 이은 조용기 목사와 케네스 코플란드(Kenneth Copeland)는 해긴을 뒤이어 긍정적인 사고는 질병을 치유하고 물질의 축복을 보장한다는 믿음의 신학을 승계하게 된다. 바로 그 믿음의 신학이 소위 1960년대와 1970년대를 휩쓸었던 '믿음의 말씀운동'이었다. 그리고 그 운동의 중요한 한 사람이 바로 조 목사였던 것이다.

믿음의 말씀운동을 따랐던 사람들은 오직 입으로 시인된 말씀에 의해 응답이 주어진다고 믿었다. 긍정적인 말은 곧 '하나님으로부터 티켓을 따내는 일' (How to Write Your Own Ticket With God)이라고 여겨진 것이다. 따라서 "긍정적으로 말하고"(Say it), "믿음으로 행하고"(Do it), "하늘로부터 받고"(Receive it), 그대로 "증거하라"는 해긴의 말은 "믿음의 말씀운동"의 핵심임을 전해 준다(Michael Moriarty, *The Charismatics*, p. 83; Hank Hanegraff, *Christianity in Crisis* (Eugene, Ore., Harvest House, 1997), pp. 74-75).

해긴을 계승한 코플란드는 우선 필요한 것을 "마음속에 그리며"(Visualizing), "자신이 필요한 것을 성경의 약속을 통해 찾아내고"(Taking your claim on Scripture), "그것을 실현시키기 위해 긍정적으로 말하라"(Speaking into existence)고 한다(Hank Hanegraff, *Christianity in Crisis*, p. 80).

조용기 목사의 말도 동일하다. "분명한 목표를 정하고", "머릿속에 그리며", "성공을 상상하라"고 말한다. 프라이스는 "하나님이 아담에게 이 세상의 권한을 주었기 때문에 더 이상 하나님은 이 세상의 권한을 가지고 있지 않다. 그러므로 우리는 말로 시인하여 하나님에게 다시 그 권세를 돌려드려야 한다"고까지 말한다. 그리고 코플란드는 "우리는 신의 한 가족이다"라고 말한다(Hank Hanegraff, *Christianity in Crisis*, p. 116).

이런 와중에 조용기 목사 역시 오순절의 "믿음의 말씀운동"에 가담했다. 그리고 그는 해긴이나 코플란드의 긍정의 말씀의 복음을 받아들인다. 그리고 이렇게 말한다. "분명한 목표를 정하고", "머릿속에 그리며", "성공을 상상하라." 그리고 조 목사는 오순절 복음에서 발아하기 시작한 축복의 신앙에 대해서도 동일한 관심을 보이고 있었다.

그러나 조 목사는 1960년대부터 시작된 '믿음의 말씀운동'(The movement of the word of the faith)이라는 큰 범주에 소속된 사람이지만, 전혀 다른 토양으로부터 출발하고 있었다.

조용기 목사가 항상 주장하는 말, 즉 "분명한 목표를 정하고, 머릿속에 그리며, 그리고 성공을 상상하라"는 표현은 해긴의 "긍정적으로 말하고, 믿음으로 행하고, 하늘로부터 받고 그리고 그대로 행하라"는 말과 별반 다를 바가 없어 보인다.

그런데 조용기 목사의 하나님의 응답을 기다리는 토양은 전혀 다른 목회적 상황에서 전개되었다. 에머슨처럼 철학적인 사상으로부터 출발된 것도 아니고, 코플랜드와 같이 긍정에 대한 철학적인 신념을 단지 신앙적으로 바꾼 것도 아니었다. 바로 자신의 비참한 토양을 극복하려는 시도로부터 시작됐다.

조용기 목사의 축복관은 자원이라고는 아무것도 없는 6·25 한국전쟁 직후의 시대적 상황에서, 오직 하나님만이 유일한 희망이라는 종교적 바람으로부터 출발하고 있었다. 그리고 자신의 오랜 질병으로 인한 죽음과 삶의 기로 가운데 살려주시는 하나님을 향한 절규로부터 출발하고 있었다.

한 시대 고통의 터널을 통과하면서 조용기 목사는 마침내 자신의 신앙 경험을 통하여 하나님의 응답을 체험했다. 그리고 자신의 경험을 통하여 "바라봄의 법칙"과 "긍정적 사고"를 찾아내었고, 축복을 오순절 신학의 한 덕목으로 만들었다. 그리고 이때부터 실제적으로 축복은 오순절의 사중복음에 더해져서 오중복음의 신학으로 탈바꿈함으로써 그 절정을 이룬다 (Peter Zimerling, *Die Charismatischen Bewegungen*, p. 258).

조용기 목사는 축복의 복음을 위한 성경적인 근거를 몇 가지 모델로 제시한다. 즉 세 가지 모델 중 '아브라함에게 주신 하나님의 약속 비전'이 그 첫째였다. 하나님은 아브라함에게 복을 약속하셨다. 조 목사에게는 하나님의 복의 약속은 믿음의 성도가 바라보아야 할 모델이었다.

그리고 둘째로 '십자가에 달리신 예수를 바라봄'이라는 오순절 신앙을 축복의 근거로 삼았다. "예수는 우리를 '대신'하여 죽으셨고, 가난해지셨고, 질병을 짊어지셨기 때문에, 우리는 더 이상 고통을 겪을 필요가 없다"고 하는, 일반적으로 오순절 신앙의 "믿음의 말씀운동"의 성경 해석을 그대로 적용한 것이다.

그리고 마지막으로 '믿음은 바라는 것들의 실상' 이라는 히브리서 11장 1절의 말씀에 기초한 확고한 신앙으로부터 믿음만이 축복의 통로라고 하는 공식을 끄집어 내었다.

2) 3중축복

소위 삼박자 구원으로 알려져 있는 조용기 목사의 3중축복은 요한삼서 1장 2절을 근거로 출발하고 있다. 조 목사는 "사랑하는 자여 네 영혼이 잘됨같이 네가 범사에 잘되고 강건하기를 내가 간구하노라"라는 말씀으로부터 축복에 대한 근거를 찾고 있다. 영혼이 잘되고, 범사가 잘되고, 강건하기를 바란다는 이 간결하고도 세 부분으로 나누어진 문구는 인생사의 모든 범위를 포함하고 있다. 이 때문에 조 목사는 영혼이 잘되고, 범사가 잘되며, 강건해진다고 하는 상징적인 문구를 통해 이 세상을 하나님의 모든 축복이 임해야만 할 땅으로 설정했다.

오래 전 유명한 스웨덴 신학자 토를라이프 보만(Thorleif Borman)의 글, 《히브리적 사유와 그리스적 사유의 비교》(*Hebrew Thought Compared with Greek*, 1952)를 읽어 보면, 본래 유대인들은 그렇게 형이상학적이지 않았다. 다시 말해 그들은 영혼에 대해서, 또한 정신적인 축복에 대해서 그렇게 알지 못했다는 것이다. 그도 그럴 것이 구약의 축복은 하나님의 은혜로 물질의 축복을 받는 것을 말하는 것이요, 또한 장수와 건강을 축복으로 받는 것을 의미하는 것이기 때문이다.

요한은 그런 의미로 요한삼서 1장 2절을 쓴 것이다. 요한이 살았을 당시에 인간의 구원과 축복이란 개념은 오늘날 우리의 사고로 이해하면 큰 혼란이 생긴다. 그들의 세계 속에서 축복이란 먹고 사는 것, 아프지 않는 것, 그리고 하루하루를 고민 없이 사는 것, 그 이상도 그 이하도 아니었다. 기독교 신앙이 생겨나면서 소위 천국에 들어가는 것, 즉 내세에 대한 보장이 축복으로 더하여 제시된 것일 따름이었다.

축복에 대해 논란이 많지만, 지난 세기 침략과 전화로 고통받았던 한국인으로서 나와 우리 세대는 신약시대의 초대 기독교인들의 심정과 고통에 동반했던 세대이다. 그래서 요한이 언급한 축복의 의미를 잘 안다. 조용기 목사가 우리에게 필요한 진정한 축복으로 '삼박자 구원'이라는 말을 쓰게 된 것도 이러한 맥락에서일 것이다. 그러나 조 목사는 자신의 3중축복을 '복 받아 잘산다'라는 정도의 단순한 의미로 사용하기를 꺼려한다. 오히려 더 적극적으로 나아가서 영이 잘되고, 혼이 잘되고, 육이 잘되는 완전한 구원을 의미하는 것으로 설명하고 싶어 한다.

조용기 목사가 축복을 영과 혼과 육이 다 잘되어야 한다는 의미로 해석할 때, 우리는 인간을 '이분적으로 이해하느냐' 혹은 '삼분적으로 이해하느냐' 하는 복잡한 신학적 전통에 따른 논의 때문에 그다지 긍정적으로 이해하려들지 않는다. 소위 정통신학이 영혼과 육체라고 하는 이분설을 대체로 지지하기 때문이다. 그러나 삼분설을 주장하는 다른 견해가 정통신학의 역사를 통해 주장되고 있음도 인정해야 한다.

어떤 이는 조용기 목사의 축복관을 미신적이라 말하고, 사이비적이라 말하기도 한다. 혹은 '마음먹은 대로 된다'라는 식의 불교의 유심론을 기독교화시킨 것이라고 비아냥거린다. 나는 하비 콕스(Harvey Cox)의 이런 언급을 몹시 못마땅하게 생각한다. 불행하게도, 몇 권의 저술들을 읽어 보았지만, 그의 견해는 우선 아시아인들의 사유를 모르고, 또한 유대 기독교 복음적 사유에 기초한 신앙 전통의 개념을 잘 모르고 있다.

영과 혼과 육의 세 영역에 하나님의 축복이 있기를 바란다는 말은 초대교부들의 축복으로부터 중세까지의 복의 기원(benediction)의 중심 내용이었다. 즉 영도 잘되고, 혼도 잘되고, 그리고 육도 잘된다는 것은 그리스도인의 지상적인 삶의 모든 세계관이 하나님의 은총으로 가득 찬다는 것을 의미했다. 그럼에도 불구하고 육에 대한 축복은 중세 가톨릭교회의 수도승들의 신학에서는 아직도 부정적인 것으로 남아 있었다.

그런데 종교개혁이 시작되면서 프로테스탄트(protestant)의 축복관은 이해를 달리하기 시작했다. 축복은 그 어떤 사건과 일 혹은 그 사람과 그것에 있는 것이 아니라 하나님과의 정상적인 관계에 있다고 생각하기 시작했던 것이다. 특별히 하나님과 성도간의 관계성을 중시하는 관계신학(relatio theologia)에 기초한 프로테스탄트신학이 발전하게 된 것이다. 이러한 이유 때문에 오늘날 기독교인들은 하나님과의 관계를 중시하는 것이 참 축복이라고 믿는 수준 높은 이해를 가지게 된 것이다.

그러한 복에 대한 기독교인들의 눈높이가 구약시대, 신약시대, 사도들의 시대와 중세, 그리고 프로테스탄트시대를 거치면서 발전해 온 것처럼, 각 시대마다 그리스도인들에게 필요한 복의 높이는 항상 상황과 시대에 따라 차원을 달리해 왔다. 우리가 조용기 목사의 3중축복을 이해할 때, 단지 지금의 상황으로 과거를 판단하는 평면적 이해를 하지 말아야 하는 이유가 여기에 있다.

그리고 더욱이 속단하지 말아야 할 점은 조용기 목사의 축복에 대한 개념과 사상 역시 역사의 한 정점에 머물러 있지 않고 계속 발전되어 가고 있다는 점이다. 그의 글과 설교를 들어보면, 1960-1980년대와 2000년대의 축복에 대한 해석은 결코 같지 않다. 인생의 말년을 살고 있는 조용기 목사는 그의 설교를 통해 하나님이 없는 복은 의미가 없음을 더욱 강조하고 있다. 조 목사는 단지 자신을 위한 축복을 하나님께 구한다는 것의 문제점이 무엇인지를 종종 설교를 통해 언급하고 있다.

초기의 조용기 목사는 진정으로 하나님의 축복으로 채워져야 할 것으로 생각했던 인간의 삶의 영역을, 요한의 표현을 빌려 영혼과 범사와 그리고 강건이라는 말로 압축한다. 그리고 시간이 지나면서 소위 삼박자 구원은 철학적인 표현과 함께 영, 혼, 그리고 육의 영역과 더불어 3중축복이라는 표현으로 달리 사용하게 된다. 즉 조용기 목사는 축복을 필요로 하는 인간의 총체적인 삶의 영역을 세 가지의 틀로 구분하여 이해하기 시작한 것이다.

그의 초기의 표현은 영혼, 범사, 그리고 강건이라는 성경적인 모델이었다. 그러나 시간이 흐르면서 축복이 필요한 인간의 삶의 공간을 좀더 서술할 용어를 필요로 한다. 그래서 선택된 말이 영, 혼, 그리고 육이라는 표현이었다. 영, 혼, 육은 축복을 필요로 하는 인간의 모든 영역을 담을 수 있는 표현이었기 때문이다.

1994년 몰트만과의 만남을 통해 조용기 목사는 더욱 자신의 생각을 넓힌 듯하다. 몰트만과 희망의 신학을 공유하게 된 것이다. 몰트만은 조 목사로부터 인간 내면의 종교적인 희망의 신학을 발견하게 된다. 그리고 조 목사는 지금까지 자신의 주된 관심사가 되어 왔던 세계보다는 더 넓은 세계가 필요로 하는 희망의 신학을 몰트만으로부터 배운 듯하다.

그러한 결과로 오늘날 조용기 목사는 사회적으로, 정치적으로 그리고 환경적인 관심에 이르기까지 총체적인 하나님의 축복이 구체화되어야 할 것을 믿는다. 그리고 바로 그 총체적인 하나님의 축복을 이 땅에 구체화시키기 위해 우리 자신의 책임성을 강조하는 것도 잊지 않고 있다.

3) 4차원의 영성

1987년에 독일어로 번역된 조용기 목사의 《4차원의 영성》(Die Vierte Dimention)은 전 세계 천만 명 이상이 읽은 것으로 알려진 조 목사의 신학과 사상을 압축한 명작이었다.

모든 위대한 신학 사상들은 그 신학 사상이 나오게 되었을 당시의 유행했던 철학적인 사상에서 생각의 틀을 종종 빌려 온다. 신플라톤주의자인 프로티누스(Plotinus)의 사상으로부터 성 어거스틴(St. Augustinus)의 사상이, 아리스토텔레스(Aristoteles)로부터 중세의 위대한 신학자 토마스 아퀴나스(Thomas Aquinas)가, 그리고 현대에 이르러서는 희망의 철학을 부르짖었던 마르크스주의 철학자 르네스트 블로흐(Ernst Bloch)로부터 몰트만의 희망의 신학은 사상을 빌려온 바 있다.

조용기 목사는 형식적이나마 일반상식화된 하버드의 과학이론 철학자 토마스 쿤(Thomas Kuhn)의 《과학혁명의 구조》(The Structure of Scientific Revolutions, 1962)로부터 차원이론의 사고를 자신의 신학을 설명하는 도구의 틀, 즉 아이디어로 빌려온다. 그러나 조 목사는 쿤의 책을 읽어 보지 않았을지도 모른다. 우리의 상식은 정확한 출처를 몰라도 이미 지식으로 우리의 생각 안에 자리잡고 있는 경우가 다반사다.

어쩌면 일반상식적인 논리로부터 얻어진 조 목사의 주장의 핵심은 오늘날 육에 속한 우리의 삶은 3차원 세계에 머물러 있다는 것이었다. 하나님의 세계, 곧 영의 세계는 4차원의 세계에 해당한다는 것이다. 그러므로 하나님의 세계인 4차원의 세계가 우리의 3차원의 세계에 다가오면, 3차원의 모든 문제들은 해결될 수 있다는 주장이었다.

곧 토마스 쿤의 차원 이론이 신앙의 원리로 적용되면서, 조용기 목사의 신학 사상의 틀로 그대로 대입된 것이다. 그러나 그러면서도 그는 쿤의 차원 이론에서 해결할 수 없는 것을 신앙으로 해결할 수 있는 길을 제시한다. 즉 과학세계에서 삼차원의 세계는 사차원의 세계로 가는 길이 묘연하다. 차원과 차원 사이에는 간격이 있기 때문이다. 더군다나 낮은 차원에서 높은 차원으로 나아가는 길은 완전히 막혀 있다. 쿤의 이론대로 차원과 차원의 간격을 뛰어넘을 수 있는 길은 오직 과학적인 혁명만이 계기가 될 뿐이다. 조 목사에게는 차원을 뛰어넘는 바로 그 과학적인 혁명에 해당하는 것이란 곧 신앙적인 혁명적 요소들로서 기독교적인 믿음, 생각, 말, 꿈 등이었다.

조용기 목사는 우리 일상의 삶의 모든 문제들은 3차원의 세계에서 일어난다고 믿는다. 그리고 하나님의 4차원의 세계가 3차원의 세계로 다가오면, 3차원의 모든 문제는 저절로 해결될 수 있다고 생각한다. 조 목사는 쿤이 말했던 과학혁명적인 사고를 자신의 신앙 안에서 발견하게 된 것이다.

조용기 목사는 잊지 않는다. 단지 차원 혁명이란 일방적인 관계만을 뜻하는 것이 결코 아니다. 믿음을 지닌 생각, 말, 꿈, 그리고 신앙이라는 요소들은 곧 차원을 뛰어넘기도 하고, 또 사차원의 영역을 불러들이기도 하는 상호교류적인 동인(動因)이 되기도 한다. 즉 신앙 안에서 신앙에 의해 4차원과 3차원간의 간격이 메워지고, 곧 하나님의 나라에 다가갈 수도 있고, 하나님의 나라를 당겨올 수도 있는 가능성이 열리게 되는 것이다.

독특한 신앙적인 사고체계가 정립된 것이다. 단순해 보이지만 이런 사고체계가 얼마나 위력적인지를 사람들은 모른다. 모든 사람이 대충은 알고 있었다고 말하고 있지만, 그렇게 말하고 있는 이는 오직 조용기 목사 그 자신이었다는 사실을 기억할 필요가 있다. 곧 "너희 율법에 기록된 바 내가 너희를 신(神)이라 하였노라"(요 10:34)고 말씀하신 주님의 말씀이 생각이 난다. 곧 신의 길에 도달할 수 있는 사고의 논리가 사차원 영성에 설명되고 있기 때문이다.

바로 이 조용기 목사의 신앙이 구체화되어 "4차원 영성" 신학으로 나타나게 된 것이다. 조 목사의 4차원 영성이란 생각을 바꾸고, 비전과 꿈을 꾸고, 하나님에 대한 믿음을 가지고, 그리고 긍정적인 말로 고백하는 일 등이, 3차원의 세계에서 4차원의 세계로 문을 여는 중요한 신앙의 혁명적 네 가지 길이 된 것이다.

결론적으로, 조용기 목사의 4차원 영성은 두 가지 중요한 신학적인 핵심을 소지하고 있었다. 첫째, 하나님의 4차원 세계가 3차원 세계로 다가오면, 모든 3차원 문제들이 해결된다는 신앙적인 논리이다. 이 단순해 보이는 논리는 조 목사 자신의 초기 사상에 나타나는 문제 해결만을 위해 매어달리고 부르짖는 신앙의 형태를 넘어서서, 구체적으로 어떻게 자신의 문제가 하나님에 의해 해결될 수 있는가에 대한 설명이 붙어 있었다.

다시 말해, 그의 신앙은 맹목적인 구복 신앙이 결코 아니라는 점이었다. 그것은 확실한 논리와 하나님에 대한 신앙의 결과라는 이론적인 논리의 확증을 보여주고 있었다.

둘째, 사차원의 하나님 세계가 3차원인 이 육신 세계에 다가온다는 사고는 놀랍고 혁신적인 것이었다. 그것은 조용기 목사 자신의 표현대로 "미래를 현재로 앞당겨오는 일"(《나의 교회성장 이야기》, p. 338)이었다. 이러한 그의 생각은 어렴풋이나마 목회 초기부터 품고 있던 사고였다. 조 목사는 목회 초기인 1958년부터 귀신을 내쫓으며, 병을 고치며, 하나님의 나라가 성령과 함께 임하는 것을 보아왔다. 그 목회현장에서 하나님의 개입만이 현실 문제를 해결할 수 있음을 뼈저리게 느꼈던 것이다.

놀라운 사실은 이즈음에 하나님의 나라가 그 나라의 통치와 함께 이 지상에 들어와 이미 역사하고 계신다는 신학적인 고백들이 현대 신약학계에 거론되기 시작했다는 점이다. 1954년에 풀러(R. H. Fuller)는 《예수의 사명과 성취》(*The Mission and Achievement of Jesus*)에서 예수는 하나님의 나라의 왕권을 앞당겨 그의 미션을 수행했다는 점을 강조했다. 그는 이 개념을 "선취"(prolepsis)라는 말로 썼다. 곧 하나님의 나라를 현재로 당겨온다는 뜻이었다. 그리고 그것은 미래를 현재로 앞당긴다는 말이기도 했다.

그리고 풀러 신학교의 조직신학자 조지 래드(George E. Ladd)는 하나님의 나라가 이미 예수와 함께 왔음을 강조했다. 이 신학적인 개념은 1959년에 그의 책 《하나님의 나라》에서 출발하고 있지만, 1974년에서야 구체화되어서 《미래를 현재로 당겨옴》(*The Presence of the Future*)이라는 제목으로 출간되었다. 미래를 현재로 앞당겨 올 수 있다는 증거로, 예수가 귀신을 내쫓을 때 하나님의 통치가 귀신 들린 자에게 임했다는 것이다.

특별히 래드의 생각은 오순절 신학과 후에 일어난 초교파적 모든 카리스마 운동에 깊은 영향을 주게 된다. 특별히 빈야드 운동의 중요한 신학적인 근거가 되기도 했다. 피터 와그너는, 자신의 신학은 스승이었던 래드에게서 얻은 바가 크다고 자신의 자서전 《악어, 목회자들, 그리고 신학자들과의 투쟁》(*Wrestling with Alligators, Prophets and Theologians*: Lessons from a Lifetime in the Church- A Memoir, 2010)에서 언급한다.

조용기 목사는 역시 1958년 즈음에 자신의 목회를 통해 바로 이러한 사상을 느끼고 있었다. 조 목사는 분명히 "내가 처음 목회할 때에"라는 말을 사용하고 있다(《나의 교회성장 이야기》, p. 338). 조 목사가 이미 '미래를 현재로 앞당겨오는 신학적인 사고를 분명 하고 있었다'는 말이 된다. 즉 이 말은 조 목사의 4차원 세계를 현재화할 수 있는 분명한 근거로 '하나님의 나라'의 신학이 그의 마음에 그려지고 있었다는 것을 말한다.

단지 조용기 목사는 자신의 생각을 그 당시에는 정리할 수가 없었을 것이다. 조 목사는 분명 풀러도 래드도 몰랐지만, 그들이 신학을 내놓았을 동시대에 하나님의 통치가 현재에 나타난다는 믿음, 곧 4차원의 영성이 현재화할 수 있다는 확신을 자기 안에 가지고 있었던 것이다.

그러므로 일반적으로 조용기 목사의 4차원 영성의 뿌리는 아시아인들의 신비술(occultism), 마술(sorcery), 마음이 물질(mind-over-matter)을 움직인다는 유심론(唯心論, spiritualism), 일본 불교의 일종인 신쿄로서 자기조종술(Sinkyo, Japanese Buddhism)에 해당하거나, 혹은 근원적으로 한국인의 샤머니즘(shamanism)에 근거를 둔 기복신앙으로부터 출발하고 있다고 생각하는 사람들의 주장은 설득력이 빈약하다.

이런 생각을 가진 사람들을 자세히 들여다보면, 우선 미국 서부 캘리포니아의 웨스트민스터 신학교(Westminster Seminary California)의 변증학 교수인 마이클 호턴(Michael Horton), 칼빈주의자이자 세대주의자이며 기독교 변증론자인 존 맥아더(John MacArthur), 브라질 상파울루 맥켄지 장로교신학대학(Universidade Presbiteriana Mackenzie)의 파울로 로메이로, 그리고 기독교 변증가인 데이브 헌터(Dave Hunt) 등이 있다.

이들 모두가 칼빈주의의 교조신학의 영향, 즉 모든 은사는 사도시대 이후 단절되었다고 믿는 은사종료론자(cessationist)들임을 알 수 있다. 그들은 은사종료론자였던 어거스틴이 젊은 날 자신의 실수를 인정하고, 죽기 6년 전에 지금도 사도적인 은사는 그대로 교회에 남아 있다고 증언한, 저 유명한 "취소"(The retraction)를 읽어보지 않았다.

그리고 그들은 칼빈주의자라고 자처하지만, 칼빈은 당시 네덜란드에서 출발된 은사주의자이자 경건주의자들의 모임인 '모데르나 디보티오'(Moderna Divotio)의 일원이었으며, 또한 프랑스 신비주의자 게르손(Gerson)의 제자인 것을 모르고 있다. 그들은 단지 오순절 운동을 "거짓 믿음"(the counterfeit faith, 1918)이라 간주했던 옛 프린스턴(Old Princeton) 신학교의 워필드(B. B. Warfield)의 사상을 그대로 답습한 것에 불과했다.

이외에도 하버드신학교(Havard seminary)의 하비 콕스(Harvey Cox) 역시 조용기 목사에 대해 동일한 비판을 가했지만, 조 목사의 교회를 방문하고 난 후 자신이 다른 이들이 언급한 이차 자료로 단지 조 목사를 오해하여 평가했던 것을 사과하기도 했다.

03 오순절 신학과 전통을 넘어서

조용기 목사는 분명 오순절 신학과 전통이 낳은 최고의 걸작이었다. 그러한 조 목사의 위대함은 자신의 울타리인 오순절을 넘어 초교파적이었고, 또한 세계 교회의 리더로서 자신만의 실천적이고 독특한 신학적 전통을 만들어 내었다는 데 있다.

조용기 목사가 오순절 교파의 한계를 넘어 그 자신의 독창성을 보인 몇 가지 부분은 첫째로, 선교에 대한 남다른 이해와 실천에 있었다. 그리고 둘째로, 하나님과 성도간의 연합을 강조하는 목회와 성도간의 교제에 중점을 두는 남다른 목회실천이 있었다. 그리고 셋째로, 세계 최대 교회의 목회자로서 독특한 목회철학과 목회경영에 따른 노하우(know how)를 가졌다는 점이다. 그런 그에 대해 조 목사는 "가히 우리에게는 전설적인 인물이었다"라고 피터 와그너는 자신의 전기 《악어, 선지자들, 그리고 신학자들과의 대결》에서 말하고 있다.

1) 하나님의 선교(Missio Dei)

1997년 조용기 목사가 이끄는 기독교 하나님의 성회는 40여 년을 속해 있었던 보수교단협의회를 떠나 세계교회협의회(WCC)에 속한 한국교회협의회(NCCK)에 가입하게 된다. 외형적으로 이 사건은 조 목사와 그의 교회가 보수주의 노선에서 진보적인 신앙의 길을 가는 것처럼 보인다. 복잡한 정치적이고 상황적인 뒷이야기들을 제쳐두고 중요한 본질을 들여다보면, 조 목사와 그의 교회에 선교에 대한 마인드의 변화가 새롭게 일기 시작했다는 것을 알 수 있다. 즉 조 목사는 '하나님의 선교'(Missio Dei)를 선언한 것이다.

하나님의 선교, 즉 Missio Dei란 무엇을 말하는 것인가? 지난 세기 초로부터 그 역사를 더듬어 보면, 1930년경 독일 신학자 칼 바르트는 '하나님이 우리를 구원하기 위해 행동하셨다'(Actio Dei)라고 하는 신학적인 이해를 내어 놓는다. 즉 예수님이 우리를 구원하시기 위해 구원이라는 하나님의 행위를 하셨다는 것이다. 이런 맥락에서 바르트는 삼위일체의 구원 사역 역시 하나님의 행위(Actio Dei)라고 하는 범주로 이해한다.

이 칼 바르트 신학의 영향을 받아 1934년 선교사였던 칼 하르텐슈타인(Karl Hartenstein)은 당시로는 생소한 소위 '교회 바깥 선교'라고 하는 새로운 선교 개념을 내놓게 된다. 그가 주장한 것은 하나님의 선교(Missio Dei), 에큐메니즘(ecumenism) 그리고 종말과 예수의 고통에 동참(passio)함이었다. 당시는 독일의 나치가 서서히 정권을 잡기 시작한 때인지라, 칼 바르트는 '하나님의 행위'라는 말을 다분히 정치적인 의미로 사용하고 있었다. 그러므로 이 말은 교회가 악한 정권에 대항해야 한다는 의미를 은근히 나타내고 있었다.

'하나님의 행위'가 구체적으로 '미시오 데이'(Missio Dei)라는 말로 표현된 것은 1958년 네덜란드 선교사 호켄다이크(J. C. Hoekendijk)에 의해서였다. 그의 주장에 따르면, 교회는 자신들만을 위한 자기 안으로의 선교를 지양하고, 선교 그 자체를 위해 헌신해야 한다는 것이다.

전통적인 선교 개념을 넘어서서 사회 전반에 기독교의 정의와 평화를 구체화하자는 뜻으로 '미시오 데이'는 특히 강조되었다. 이 때문에 전통적인 교회 안의 구원을 외치는 선교는 자연 등한히 될 수밖에 없게 된다. 이로 인하여 조용기 목사의 기독교 전통적인 선교 개념이 변질되었다는 말들이 여기저기서 흘러 나왔다. 당시 한국의 대부분의 복음주의 교회가 표방하고 있었던 것은 교회 바깥에는 구원이 없다는 주장이었고, 그리스도를 믿는 개인 그 자체에 무게를 둔 개인구원 사역에만 초점을 두고 있었다. 그러므로 사회를 구원한다고 하는 소위 사회복음주의는 아직까지 한국 교회에서는 이단시되고 있었던 것이다.

그런데 우리의 흥미를 끄는 점은 정치적인 변화나 상황의 변화가 아니라 조용기 목사의 인식의 변화에 있다. 다시 말해, 선교에 대한 마인드가 달라졌다는 점이다. 이러한 변화는 일반적으로 평가되기는 1994년 조 목사가 몰트만을 만나고 나서부터 있었다고들 말한다. 무엇이 진실이었든 간에 중요한 것은 조 목사의 선교의 폭이 이전보다는 훨씬 넓어졌다는 점이다. 그리고 전통적인 복음 선교를 계속적으로 수행해 나가면서도 정치, 경제, 사회, 그리고 환경에 이르는 다양한 차원에서 복음을 전하고 있다는 점이다.

궁극적으로 조용기 목사는 전통적인 오순절의 선교의 한계를 넘어, '교회 안의 선교'(Missio Ekklesiae)로부터 교회를 넘어 세계로의 '하나님의 선교'(Missio Dei)로 자신의 태도를 바꾼 것이다. 그 이유는 하나님에 대한 열정을 한 교파나 하나의 신학사상에 결코 묶어 둘 수가 없었기 때문이었을 것이다. 그가 북한 평양에 심장병원을 세운 것도 아마도 그런 일환이었을 것이다.

즉 심리학자 에이브러햄 매슬로(Abraham Maslow)가 언급한 대로 모든 인간은 인간의 가장 기본적인 단계인 의식주의 욕구가 해결되고, 모든 위협으로부터 자유함을 느끼며, 그리고 더 높은 단계로 사랑과 존경을 받는 단계에 도달하면, 비로소 사회와 타인을 위한 헌신(self actualization)에 이르는 성숙을 경험하게 된다. 바로 조용기 목사가 자신의 마지막 남은 삶을 사회와 타인을 위한 헌신으로 마무리하고 싶어 하는 이유일 것이다.

2) 연합과 교제

'연합과 교제'라는 주제는 조용기 목사의 또 다른 신학적 사고의 줄거리라 할 수 있다. 오순절 신앙과 전통 안에는 다른 교파들의 역사에서 찾아볼 수 없는 '성령과 성도간의 연합'(Unio cum Sanctus Spiritus)이라는 독특한 관계가 있다. 그리고 특별히 오순절 전통 안에는 기성 교파로부터 핍박을 받느라 스스로를 보호하기 위한 응집력 때문에 생긴 성도간의 특별한 '교제'(fellowship)가 있다.

그런데 조용기 목사는 오순절이 지닌 성격 위에 자신만의 독특한 목회철학을 목양지에 적용하고 있었다. 바로 구체적으로 어떻게 하면 성도들을 성령과 연합시키며, 또한 서로 결속력을 다지게 하며, 서로 간에 거룩한 교제를 다지게 할 수 있을까 하는 데 남다른 신학적 사고를 하고 있었다.

교회 안의 '연합과 교제'라는 주제는 칼빈의 영향을 받은 청교도 교회의 특징이었다. 칼빈은 '그리스도와 성도간의 연합'(Unio cum Christo)을 강조했다. 그리고 그리스도의 몸인 성도간의 '교제'를 또한 강조했다. 이런 관계로 칼빈은 그리스도와 하나 되고 그의 몸을 나누는 예배의식인 성찬예식을 매우 중요하게 생각했던 것이다.

칼빈의 영향 아래 자란 청교도들은 하나님과의 연합을 강조한 나머지 성령의 체험을 중요한 연합의 개념으로 생각하는 전통을 만들어 내었다. 후에 이러한 전통은 청교도 전통의 두 가지 조류, 즉 율법주의로 흐른 부류와 성령의 체험을 중시했던 부류로 나뉘게 된다. 바로 후자의 부류가 현대 오순절 운동의 출발에 깊은 영향을 끼친 것이다.

조용기 목사는 자신이 어떤 전통 위에 서 있었는지, 또한 자신이 어떤 신학적인 배경 속에 있었는지를 확인한 적이 없을지도 모른다. 그러나 분명한 것은 청교도들의 교회 역사 이래로 조 목사의 교회만큼 칼빈의 대주제였던 '연합과 교제'를 자신의 교회에 잘 접목시킨 이도 찾아보기 드물다.

나의 기억으로는 적어도 한국의 모든 교회들이 평균적으로 일 년에 봄과 가을 두 번 하는 성찬예식을, 조 목사의 교회에서는 한 달에 한 번 정도 하는 것을 본 적이 있다. 수만 아니 수십만의 성도가 그렇게도 자주 성찬식을 가진다는 것은 거의 불가능한 일이다.

그런데 조용기 목사는 그것을 감행했다. 십자가 대속에 대한 그 자신의 신앙의 발로에서였겠지만, 그리스도와의 연합과 교회의 몸으로서의 교인들간의 교제가 얼마나 중요한지를 인식하고 있었던 것이다. 혹 그가 성찬의 중요성을 인식하지 못했다고 해도, 그는 정말 중요한 일을 행하고 있었던 것이다. 조 목사의 교회는 성찬예배를 통해 그리스도와의 영적 연합과 교제를 항상 확인하고 있었던 것이다.

다만 아이러니한 것은 한국의 그 어떤 교회도 그것을 당연한 것으로 여긴 적이 없었다는 점이다. 나는 총신신학대학원의 어떤 역사학자가 "한국교회가 이렇게 분열되는 것은 성찬예식을 자주 행하지 않았기 때문이다"라고 한 말을 들은 적이 있다. 그는 정확히 보고 있는 것이다. 그리스도와의 연합과 성도들간의 교제는 종교개혁자들의 신앙의 핵심이었고, 또한 기독교 신앙의 핵심이었다. 그 연합과 교제의 핵심은 바로 성례식과 연결되어 있었고, 바로 성찬(Eucharist) 문제로 귀결되어 있었던 것이다. 종교개혁자들간에 성찬에 대해 그토록 이견이 많았던 이유가 여기에 있었다.

조용기 목사는 그 누구보다도 그리스도와의 연합을 강조해 왔다. 나는 지난 수십 년간 그의 입에서 예수 그리스도와 십자가가 떨어지는 것을 본 적이 없다. 십자가와 그리스도를 강조한 만큼 성령과의 연합, 즉 체험을 강조하는 것을 잊어버리는 것을 본 적도 없다. 그리고 그 성령과의 연합을 구체적으로 성도들에게 가르치기 위해 자신이 친히 하루 다섯 시간 이상 기도하는 모범을 보였다.

　조용기 목사는 성도들에게 기도를 끊임없이 강조해 왔다. '기도가 그리스도와 성령과의 만남을 위한 유일한 통로'(Precari est solo Tentus pro Unio cum Christo et Unio cum Sanctus Spiritus)라고 믿었기 때문이다.

　우리는 서방신학의 전통 아래 오랫동안 자라왔다. 그런 이유로 우리의 신학적 전통은 언제나 체계적이고 분석적이며, 많은 지식의 정보를 줄줄이 엮은 것을 중요시해왔다. 그러나 이것은 어쩌면 편견일지도 모른다.

　동방신학에서는 하나님의 얼굴을 구하는 것을 신학으로 생각해 왔다. 곧 동방신학은 하나님을 체험함으로부터 출발하고 있었다. 그래서 그들의 전통 안에서는 기도가 체험을 위한 중요한 도구가 되고, 하나님을 '집중적으로 생각함'(contemplatio), 즉 기도함을 중요하게 여긴다. 즉 관상기도(觀想祈禱)나, 그리스도를 명상함(Meditatio)을 매우 중요한 자신들의 신학으로 여긴다.

　우리가 조용기 목사를 탁월한 신학자로 인정하기에 인색한 것은 서방신학적 전통에서 그를 평가하려는 잘못된 무지와 편견으로부터 온 것이다.

　성도의 교제와 관련해서 조용기 목사는 16세기 청교도들의 교회와 18세기의 친첸도르프(Zinzendorf)의 헤른후트교회(Herrnhut Kirche) 이래 최대한 실천적 모형과 모델을 자신의 교회를 통해 보여준다. 친첸도르프의 모라비안파로부터 웨슬리가 모방한 속회라는 성도의 교제를 위한 모임도, 조 목사 교회의 구역 조직에 비하면 비교할 바가 아니다. 오순절의 원조였던 어빙의 집단이나, 캔자스에 신앙촌을 세웠던 도위(Dowie)의 경우라 할지라도 조 목사의 강력하고 결속력 있는 자발적인 군대조직과 같은 구역 조직을 가지고 있지 않았다.

조용기 목사의 구역 조직은 하나님을 체험하는 최소의 단위였으며, 또한 은사 활용을 통해 성령을 체험케 하는 좋은 길잡이가 되었다. 조 목사는 그런 조직으로 전교인의 십분의 일을 교회를 위한 도우미로 자원하도록 한 위대한 목회를 한 것이다.

그렇다면 왜 우리가 조용기 목사를 탁월한 실천신학자로 부르는 데 인색해야만 하는가? 교회 안으로 들어오시는, 또한 교회 바깥을 향하여 행동하시는 하나님의 행위(Actio Dei)를 조 목사만큼이나 생각하고 실천한 사람도 찾기가 힘들 것이다. 조 목사, 그는 진정 실천신학자(實踐神學者)로 불릴 자격이 있는 사람이다.

3) 목회 철학과 경영 마인드

1992년 전후로 나는 합동측 총신신학대학원에서 강의를 하고 있었다. 전공은 조직신학이었지만, 전공한 과목과는 달리 특별히 목회자 연장교육을 위해 투입되었다. 당시만 해도 목회 경험이 전무했던 나는, 강의를 준비하기 위해 방학 동안 미국 오하이오의 애쉬랜드신학교(Ashland Seminary)의 목회학 박사과정에 등록하고 3년 동안 방학을 이용하여 열심히 내왕했다.

처음 목회학 강의를 들을 때였다. 남침례회신학교(Southern Baptist Seminary) 출신의 한 교수가 내게 질문을 했다. "당신은 어떤 목회 철학을 가지고 있습니까?" 순간 눈앞이 깜깜했다. 목회 철학을 배우러 온 내게 목회 철학이 무엇이라니! 그때의 당혹감을 나는 평생 잊지 못한다. 목회 철학은 배우는 것이 아니다. 자신의 내면으로부터 자기만의 소리를 듣는 것이다. 그리고 왜 나는 목회를 해야만 하는가에 대한 철저한 물음이 선행되어야만 자신의 목회 철학을 얻을 수 있다. 분명한 하늘로부터의 소명이 없으면 결코 목회 철학도 없다.

나는 조용기 목사의 목회 철학이 무엇인지 구체적으로 모른다. 그런데 분명한 것은 그가 성도들에게 꿈과 비전을 심어 주어야 한다는 강한 소명감을 지니고 있었다는 점이다. 그리고 목회자로서 조 목사는 성도로 하여금 하나님을 만나게 하고, 체험하게 하고, 또한 감동적으로 소개함으로써 모두의 자발적인 헌신을 자아내게 하는 것이 자신의 사명이라고 생각하고 있는 듯하다.

조용기 목사가 자신의 목회 철학과 경영 마인드를 접목하여 만든 것은 바로 교회를 거대한 피라미드 구조로 만드는 일이었다. 우리는 중세교회의 수직적인 직제제도(Hierarchial Structure)의 폐단 때문에 수평적인 협력체 구조를 좋아한다. 그러한 수평적인 협력체는 성숙한 인격과 적절한 타협과 균형 및 견제의 원리를 잘 아는 사람들만의 모임이다.

역사상 그런 모임은 계속 희망되어 왔지만, 그러한 모임은 세상에 거의 존재하지 않았다. 아마 천국에서나 가능할 것이다. 인간의 역사 가운데 가장 이상적인 모형은 오히려 신정정치가 이루어지는 그곳에 있어 왔다. 신앙을 거부하는 이들에게는 그것이 속박으로 여겨지겠지만, 종교적인 다른 가치관을 소지한 사람들에게는 영원한 이상적인 모델이 될 수가 있다.

모세와 애굽을 탈출한 이스라엘이 광야에서 하나님의 지시를 받으며 살아가는 모델은 가장 이상적인 것이라 할 수 있다. 만일 모세나 이스라엘이 서로 간의 갈등이나 불평 없이 지낼 수만 있다면, 그들 사회는 자발적인 헌신에 기초한 유토피아(utopia)의 세계일 것이다. 역사적인 현실은 결코 그럴 수 없었지만, 이스라엘 광야에서 이루어진 이 신정정치의 모델은 조용기 목사의 목회 철학에 중요한 모델을 던져주고 있다.

1962년 즈음에 조용기 목사는 모세와 이스라엘의 신정정치의 모델을 자신의 목회에 적용하고 있었다. 조 목사는 "너와 또 너와 함께한 이 백성이 필경 기력이 쇠하리니 이 일이 네게 너무 중함이라 네가 혼자 할 수 없으리라"(출 18:18)는 말씀을 깨닫고, 칼빈이 프랑스의 스트라스부르그(Strassburg)에서 목회를 하던 부처(Bucer)를 통해 알게 되어 현재의 장로교 교회정치로 수용했던, 오에코담파디우스(Oecodampadius)의 장로정치를 교회의 틀로 자연스럽게 수용했다.

조용기 목사는 1961년부터 1976년까지 장로교 합동측의 교회 교육교과서에 해당하는 계단공과를 자신의 교회 주일학교 교육을 위해 빌려 사용했다. 이 점을 우리는 눈여겨 보아야 한다. 왜 그와 그의 교회가 보수적 신앙의 칼빈주의 사상을 소지한 대한예수교장로회(합동)측과 많은 부분, 신앙을 공유하고 있는지 그 답변을 발견하기 때문이다.

그리고 조용기 목사는 장로교 교회제도를 채택하고, 장로교회의 정치구조였던 제직회를 모방하여 당회, 제직회, 각 산하 기관과 구역이라는 피라미드 식의 교회정치 구조를 교회 조직으로 받아들인다. 이때 교회의 가장 큰 성장 원동력으로 여겨졌던 구역이라고 하는 지역모임을 구성하여 20/21세기 셀 교회(Cell Church)의 모델로 만들었다.

조용기 목사의 셀 교회에 대한 출발을 언급해보면, 오늘날 세계교회는 셀 그룹 운동의 전신이었던 여의도순복음교회의 구역모임에 큰 빚을 지고 있다. 1962년에 시도된 조 목사의 구역제도는 이미 한국 교회가 금요일마다 드리는 가정예배로 정착되어 있었다. 그런데 여의도순복음교회의 구역은 그 이전에 있었던 한국의 어느 구역예배보다 강력하고 조직적이며, 성령의 은사와 전도에 대한 실천력을 자체 교육을 통해 갖고 있었다.

그 결과 여의도순복음교회는 세계 최대의 교회로 서서히 발전하게 되고, 그 성장 원리는 《성공적인 구역조직》(Successful Home Cell Groups)이란 책으로 1980년에 해롤드 호스테틀러(Harold Hostetler, 1988)에 의해 번역, 출간되면서 세계교회의 주목을 받게 된다.

본시 '셀'이란 명칭이 처음 사용된 것은 이 책에서 구역을 셀로 번역하면서부터였다고 한다. 실제로 1980년대 세계의 셀 교회 운동을 조사, 연구하였던 랄프 네이버(Ralph W. Neighbour)뿐 아니라 현재 굴지의 셀 교회로 소개되고 있는 수많은 세계의 셀 교회 목회자들이 조용기 목사와 그의 구역조직으로부터 간접적인 영향을 받았다. 그들 모두는 조 목사가 매년 10월에 주최하고 있는 세계교회성장대회(CGI)에 참석하여, 조용기 목사로부터 영감을 받은 사람들이었다.

그들 중에는 오늘날 세계에서 가장 성공적인 셀 교회를 이끌어 나가고 있는, 현재 30만 명 이상의 교인을 가지고 있는 콜롬비아의 G12의 세자르 카스텔라노스(Cesar Castellanos)와 교인이 11만 명이나 되는 엘살바도르의 마리오 베가(Mario Vega) 등도 있었다.

또 조용기 목사는 교회에서 영성사역자의 역할을 중요하게 생각한 나머지 교회 영성 리더로서 여성 사역자들을 길러낼 것을 생각하게 된다. 당시 한국의 가부장적 사회문화와 유교적 풍토하에서 여성 사역자가 교회에서 예배를 인도하거나 남성들을 지도한다는 것은 도무지 상상도 할 수 없는 일이었다. 사회적 풍토가 용납할 수 없는 일이었거니와, 소위 장로교를 위시한 정통 교단들은 성경에 대한 매우 가파른 해석을 통해 "여자들은 교회에서 잠잠하라"는 바울의 가르침을 오해하여 가르치고 있었다.

실제로 바울이 고린도전서 11장 3절에서 말한 "남자가 여자의 머리(kephale)가 된다"는 표현은 주종적인 의미이기보다는, 단지 순서상의 차서를 의미할 때 쓰이는 용어였던 것이다.

한국 교회가 여성 목사직을 비성경적이라고 주장하고, 여성 사역의 가르침은 이단적 사상이라고 정죄한 것은 1930년이었다. 그 후 거의 새로운 천년의 시기인 2000년이 도래해서야 여성 안수의 가능성이 조금씩 일부 교파로부터 비치고 있었다. 이런 까닭에 1962년 어느 날, 여성 사역자들을 등용하는 문제에 대해 하나님의 음성, 즉 "그것은 나의 생각이다. 나는 여성들을 구역의 리더로 세우기를 원한다"는 성령의 소리를 들은 조용기 목사가 그것을 실행에 옮기는 데에는 성경에 대한 나름대로의 해석과 그에 따른 결단이 필요했을 것이다.

조용기 목사는 로마서 16장을 연구하면서 여성 사역자들의 역할을 귀중히 여기게 되었고, 그들을 교회의 중심적인 핵인 각 구역으로 투입하게 된 것이다. 애즈버리 신학대학원(Asbury Theological Seminary)의 유명한 신학자 벤 위더링턴(Ben Witherington III)이 여성 사역자들의 중요성과 그 성경적 근거를 탁월한 학문적인 연구 결과로, "초대교회의 여자들"(*Women in the Earliest Churches*, 1988)과 "여자와 기독교의 기원"(*Women and the Genesis of Christianity*, 1990)을 내놓기 약 30년 전의 일이었다.

이제 조용기 목사의 교회는 거대한 피라미드 구조 안에 또 다른 작은 피라미드 모임인 수많은 구역 모임으로 구성되었다. 기록을 보면, 교회 안에 이미 구역 모임이 1962년에 수백 개나 있었고, 1968년 즈음에는 구역조직의 힘을 입어 교인수가 8,000명으로 늘어났다고 한다(《위대한 소명: 순복음사 50년》, 여의도순복음교회, 2008). 이후 구역은 '셀'(Cell)로 번역되었고 웨슬리의 속회 이래, 그리고 어빙의 속회 모임 이래, 최초의 '가정 안에 있는 작은 교회 모임'이 되었다.

이런 '일반 가정에서 드리는 예배'를 규칙화된 예배모범에 따른 정식예배로 드렸다는 것은, 초대교회의 가정교회 이래 극히 드문 일이 아닐 수 없었다. 더군다나 그 예배를 여자 구역장이 주례했다는 것은 당시 한국 교회의 분위기와 사회 풍토 안에서는 정말 놀랄 만한 혁명적인 도전이 아닐 수 없었다.

그도 그럴것이 1972년, 조용기 목사의 장모 최자실이 일본에서 목사 안수를 받고 왔을 때, 한국 교회는 대단히 못마땅하게 생각하고 있었다. 나 역시 1974년 처음으로 여의도순복음교회를 방문했을 때, 최 목사가 설교하고 있는 것을 보고 얼마나 놀랐는지 모른다. 나의 교단인 장로교를 비롯해서 주변 어느 교파에서도 여자 목사를 본 적도 없고, 들은 적도 없었기 때문이다. 실은 1955년에 이미 감리교단 출신으로 전말아 목사가 한국 최초로 여성 목사가 되어 있었다는 사실은 한참 후에 알았다.

구역예배를 통하여, 예배를 교회 안이 아닌, 교회 바깥 일반 가정에서 드릴 수 있다는 발상은 정말 획기적인 것이었다. 오래 전 18세기 중엽에 웨슬리와 함께 영국 옥스포드 대학의 홀리클럽(Holy Club) 출신이었던, 칼빈주의자 조지 휫필드(George Whitefield)가 최초로 교회 바깥 집회인 천막 집회를 시작하자, 모든 영국교회가 휫필드를 불경한 죄를 짓는 자로 지탄을 한 적이 있었다. 성스러운 예배를 야외에서 드린다는 것은 당시로서는 상상도 할 수 없었던 것이었기 때문이다.

마찬가지로 조용기 목사가 가정에서 소모임으로 예배를 드리는 구역예배를 시작할 때에는 엄청난 반발과 비난을 들어야만 했다. 그것도 여성 구역장에 의해 드려지는 구역예배란 사고의 혁명적 전환이 아니고서는 불가능한 것이었다.

그리고 조용기 목사는 구역장들에게 상당한 권한을 주었고, 또한 당회장으로서 특별한 개인적인 조직관리를 통하여 구역중심 체제를 확고히 해나간다. 그는 단지 한 사람의 목회자로서는 상상도 할 수 없었던 '목회 경영'이라는 마인드를 가지고 있었던 것이다.

김상국 씨가 쓴 《CEO 조용기 목사》를 보면, 조 목사는 모든 교인들에게 감동을 주는 훌륭한 리더라고 말한다. 그리고 역시 모든 사람들로 하여금, 그가 외치는 하나님을 신뢰하도록 하며, 또한 모든 이들에게 자신감과 자긍심을 심어주며, 기꺼이 헌신하도록 이끌어 나가는 사람인 것을 사람들에게 보여준다고 언급한다.

분명히 조용기 목사는 이 땅에서 유토피아(utopia)를 외치는 사람이다. 어떤 이들은 순수한 종교적인 비전을 구실로 유토피아를 외치지만, 그것은 단지 인간적인 책략으로 뒤덮인 이데올로기(ideology)에 불과하다. 정치적으로는 레닌이나 스탈린, 혹은 김정일 같은 사람들이 그 같은 사람들이고, 또한 종교적으로는 잘못된 종교 지도자들이 이에 해당한다. 독자가 조용기 목사를 어떤 사람으로 평가하든 그것은 전적으로 자신의 자유이다.

그러나 나는 그를 가까이한 사람들의 이야기와 먼발치에서나마 바라본 관찰을 통해 그가 진정으로 하나님의 나라, 즉 유토피아를 외치는 사람이라고 믿어 의심치 않는다. 나는 조용기 목사가 초기 목회 때에 지녔던 초심을 그대로 가지고 있기를 바란다. 분명 그때 그는 하나님 나라의 유토피아를 외쳤으리라 믿어지기 때문이다. 그리고 그의 신앙과 삶의 여정이 여전하기를 또한 바란다. 그는 우리 시대에 교과서적인 분이고, 또한 모든 목회자들의 모델이기 때문이다.

    나는 조용기 목사를 한 번도 만나 본 적이 없다. 그렇다고 친분 관계가 있는 것도 아니다. 그러나 그가 한국 교회의 위대한 스승이요, 나 자신에게도 깊은 영향을 끼친 스승이기에 매일 그를 위해 기도한다. 그래서 그의 주변의 기쁜 소식은 나의 기쁨이 된 지 오래다. 그러나 그의 슬픔은 내게도 슬픔이자 분노이기에, 나는 그가 온전히 거룩한 하나님의 종으로 주님을 뵙기를 원한다.

에필로그

　희망의 신학자 조용기 목사에 대한 글을 마치며, 떠오르는 생각들이 있다. 그래서 조용기 목사의 신학의 한계와 전망에 대해 몇 가지 언급하려고 한다.

　우선 조용기 목사의 제자들은 스승의 생각을 정리해 줄만큼 뛰어난 인재를 앞으로 길러야 할 것이다. 지금까지 미국 시애틀에 사는 이 시골목사의 마음을 흡족하게 감동시킬 만큼 스승에 대해 잘 알고 있는 제자들의 글을 본 적이 없기 때문이다. 물론 내가 미국의 신학대학교 신학부(Faith Evangelical Seminary & College) 교수로 있기는 하지만, 내가 잘 모르는 분야에서 세계 최고의 지도적 역할을 한 분에 대해 그 제자들이 선생의 생각을 잘 정리해서 발전시키는 것은 당연한 도리일 것이다.

　사실, 조용기 목사의 신학은 처음부터 복음적인 내용을 담고 있었다. 이사야의 말씀처럼, "주 여호와의 영이 내게 내리셨으니 이는 여호와께서 내게 기름을 부으사 가난한 자에게 아름다운 소식을 전하게 하심이라 나를 보내사 마음이 상한 자를 고치며 포로된 자에게 자유를, 갇힌 자에게 놓임을 선포하며 여호와의 은혜의 해와 우리 하나님의 보복의 날을 선포하여 모든 슬픈 자를 위로하되 무릇 시온에서 슬퍼하는 자에게 화관을 주어 그재를 대신하며 기쁨의 기름으로 그 슬픔을 대신하며 찬송의 옷으로 그 근심을 대신하시고 그들로 의의 나무 곧 여호와의 심으신 그 영광을 나타낼 자라 일컬음을 받게 하려 하심이라"(사 61:1-3)라는 말씀으로 처음부터 조용기 목사의 메시지는 시작하고 있다. 곧, 바로 이 희망의 메시지를 전하는 자로 조용기 목사는 하나님으로부터 선택을 받았다.

조용기 목사가 전하는 복음의 메시지는 가난한 자와 마음이 상한 자(누가복음에는 눌린 자)와 포로된 자를 해방시키는 일념으로 평생의 내용을 채웠다. 조용기 목사는 평생을 진정 그렇게 살아왔다. 그의 삶은 진실로 '그리스도의 희망의 계절이 오게 하자'는 신념으로 지난 과거를 달려왔으리라 믿어 의심치 않는다. 이제 그를 위하여 몇 가지 제언을 하고자 한다.

우선, 모든 기독교의 신학적 사고는 그 시작이 선한 동기부여를 자신의 전제로 하고 있다. 진정한 회개를 바탕으로 하지 않고 시작한 모든 신학적인 이론은 단지 사변으로 전락하고 만다는 것이 역사적인 교훈이다. 조용기 목사의 신학도 예외는 아닐 것이다. 이미 도덕적으로, 혹은 윤리적으로 상처를 입고 있는 그 어떤 신학사고도 한 세대를 결코 넘어가지 못했다.

1920년대에 미국 오순절은 미국 내의 정통교단들로부터, 특히 장로교

● 에필로그

　로부터 핍박을 받고 있었다. 그리하여 그들이 택한 길은 남미 선교였고, 오순절 교단의 부흥사들은 브라질을 포함한 남미를 성령의 불의 바다로 만들었다. 그 결과 남미는 오순절의 나라가 되었다. 그러나 문제는 당시에 오순절의 지도자들은 아처 토레이의 생각대로, 성령을 사역의 영으로만 생각하고 있었고, 사역을 기적과 치유 그리고 방언에만 치중하고 있었다.

　오늘날 그 결과는 무엇인가? 남미의 오순절은 카리스마적인 교단이 되었지만, 윤리와 도덕을 실종한 종교로 전락하고 말았다. 오히려 찰스 피니의 가르침대로 성령을 성결의 영으로 가르치며 강조했다면, 분명 그들은 지금 다른 모습이 되어 있을 것이다. 칼빈은 그의 기독교 강요에서 "도덕 없는 기독교를 나는 꿈에라도 꾼 적이 없다"고 언급하고 있다. 그러므로 윤리와 도덕, 그리고 양심이 실종된 전제 위에 결코 조용기 목사의 신학은 발전할 수도, 전개될 수도 없음을 그의 주변인이나 제자들이 기억해 주길 바란다.

　독일의 유명한 종교사가 발터 홀렌버거(Walter Hollenberger)에 따르면, 역사상 나타난 카리스마 운동은 그 역사가 거의 30~40년 내외라고 말한다. 모든 카리스마 운동과 대형교회들은 시작을 통해 성령의 역사를 체험하고, 또한 신성한 희망과 기적들로 폭발적인 인기를 끈다. 그러나 십 년 혹은 이

십 년을 지내면서, 그 운동은 조직화되고 또한 인위적인 확장을 통한 힘을 구축하게 된다. 이것이 곧 바로 자신들의 이루어 놓은 체계를 생명 없는 석회질로 만드는 일이며, 또한 생명력을 상실하는 일이라는 사실을 알기 쉽지 않다. 더군다나 순수했던 초창기의 가난한 마음은 사라지고, 조직 내의 이권 다툼이나, 권력 투쟁으로 줄달음치며, 그 생명은 막을 고하고 만다. 조용기 목사의 신학과 그의 교회 성장은 홀렌버거의 생각을 넘어섰으면 좋겠다.

그러나 불행하게도 모든 신학과 모든 인간의 업적은 한계를 지니고 있다. 사람의 생명처럼 언젠가는 없어지고, 그 중 몇 개만 남아 후손들에게 전해진다. 오랫동안 조용기 목사의 사상이 기억되기를 바란다면, 또한 그것이 조용기 목사의 제자들의 희망이라면, 참으로 실상을 알아야 한다. 인간을 극대화할 필요가 없다. 그것이 또한 조용기 목사의 생각도 아닐 것이고, 또한 바람직한 생각도 아니다.

이제 오순절 신학을 바탕으로 한 "가능성의 신학"은 그 의무를 마치고 역사의 뒤안길로 갈 준비를 해야 한다. 희망은 자신의 삶에 만족하는 자의 것이 아니라, 가난한 자의 것이기 때문이다. 그런 점에서 여전히 조용기 목

에필로그

사의 가능성의 신학은 제3세계에서 빛으로 통한다. 아니, 아직 삶의 눌림과 고통 속에 살아가는 사람들에게는 영향력 있는 복음으로 그 사역이 연장될 것이다.

그러나 세계교회와 한국 교회는 자기 만족과 풍부함으로 인해 더 이상 희망을 구하지 않는다. 왜곡된 삶과 뒤틀린 부와 가치 왜곡의 결과일 것이다. 이런 상황에서 오히려, 조용기 목사의 희망의 신학은 새로운 해석과 새로운 목표를 찾아야 할 것이다. 그리스도의 십자가가 모든 세대에게 희망의 메시지를 전해주고 있듯, 조용기 목사의 희망의 개념은 새롭게 해석되고 발전되어 후세들에게 전해지기를 기원하는 바이다. 이미 세계 오순절 신학과 교회는 그 성장이 정체되고 있다. 모든 기독교의 형편이겠지만, 이미 교파화하고 교단화해서 화석화된 결과라 할 수 있다.

교회들은 성령의 말씀을 들어야 하고, 말씀을 묵상하며, 인간의 이데올로기를 넘어, 유토피아를 제시해야만 한다. 지금까지 조용기 신학은 유토피아를 외쳤지만, 지금부터라도 성령의 음성을 따라 새로운 유토피아의 길을 발견하지 못하면, 미래는 인간의 이데올로기로 채워질 것이다. 그리고 지난 조 목사의 신학을 통해 외쳐졌던 모든 유토피아도 생명력을 잃어버리고, 오히려 조 목사의 희망의 신학은 인간 냄새만 풍기는 한 시대의 이데올로기로 퇴락될 것이다.

특별히 조용기 목사의 신학과 신앙을 그의 제자들이 극대화 내지 절대적으로 우상화한다면, 불행하게도 조 목사의 사상은 바로 즉시 조용기주의(YonggiChoism) 혹은 조용기 우상화로 치달아 낡은 이데올로기로 전락하고야 말 것이다. 조 목사를 사랑하는 모든 이들은 이것을 꼭 기억해야만 할 것이다.

몇 해 전 미국의 한 출판사가 조용기 목사에게 200만 달러를 선불로 줄 터이니 자서전 쓰기를 부탁했다고 한다. 이에 대한 조 목사의 대답이다. "살아 있는 사람에 대해 쓰려면 자연히 미화하거나 거짓말이 됩니다. 내 얘기는 내가 죽고 난 다음 아들들과 제자들에게 내 약점을 다 들추어서 다른 사람이 써야지요. 또 우리 교회의 교인들이 많기 때문에 자칫 자서전을 잘못 쓰면 내가 우상이 될 수 있습니다. 그래서 살아 생전에 자서전을 쓰지 않을 작정입니다."

나는 조용기 목사의 말을 생각해보며 부끄러움을 느낀다. 할 수만 있으면, 그의 좋은 점들을 써야겠다고 생각하며 이 글을 이제 마치게 되었다. 그

● 에필로그

는 오히려 자신의 약점들이 후세들에게 중요한 교훈이 되기를 바란다고 말한다. 조 목사는 많은 장점을 지닌 훌륭한 스승이다. 목회자들이 그에게서 많은 것을 배워야 할 좋은 모델이기도 하다. 그의 성공은 모든 이들이 나도 저분처럼 될 수 있다는 희망을 줄 것이고, 그의 실패는 모든 사람들에게 저런 분도 저런 어려움이 있는데 나도 조심해야 하겠다는 자각(自覺)을 줄 것이다.

궁극적으로, 내가 이 글을 쓴 것은 그의 창조적이고 독창적인 신학사상과 신앙들이 그에게서 배우려고 하는 모든 사람들에게 좋은 길잡이가 되었으면 해서이다. 그리고 적어도 그에 대한 어느 정도의 정당한 평가는 있어야 할 것 같아 이 글을 썼다. "스승보다 나은 제자가 없다"라는 말이 있지만, 그 말이 영원한 진리가 되어서는 결코 안 될 것 같다. 훌륭한 스승이 열어 놓은 길을 더 빨리 달릴 줄 아는 제자들이 많이 나오는 것이 스승의 진정한 바람이 아니겠는가! 그런 의미에서 제 2, 제 3의 조용기 목사가 더 많이 배출되었으면 한다.

끝으로 독자들의 눈높이를 의식해서 많은 신학적인 이야기들을 기록할 수 없었음을 한계로 생각한다. 평신도를 위한다는 이유 때문에, 조용기 목사의 신학 사상에 대해 구체적인 자료를 많이 첨가하지 못한 것을 또한 한계로 생각한다. 그러나 나는 조 목사의 신앙과 신학이 걸출한 후배들에 의해 더 깊이 이해되고, 더 높이 쌓일 수 있도록 몇 가지 방향성만 제시하는 것으로 만족한다.

인물 및 용어 해설

서론

- **한스 폰 가다머**(Hans von Gadamer, 1900. 2. 11~2002. 3. 13): 한스 게오르크 가다머(Hans-Georg Gadamer)라고도 한다. 그는 독일 하이델베르그의 철학자로서 《진리와 방법》(Wahrheit und Methode)을 썼다.
- **교조주의자**(敎條主義者): 특정한 교의나 사상을 절대적으로 받아들여 현실을 무시하고 이를 기계적으로 적용하거나 따르는 사람.
- **복음주의**(福音主義): 기독교 내에서 16세기 종교개혁 시기부터 복음을 중요시하던 개신교를 구분하기 위해 개신교를 지칭하던 용어로 사용되고 있다.
- **칼 바르트**(Karl Barth, 1886. 5. 10.~1968. 12. 10.): 스위스의 개혁교회 목사이자 신정통주의를 대표하는 신학자이다.

01 신학자 조용기

- **빈슨 사이난**(Vinson Synan): 오순절교파의 기독교 역사가이자 저술가, 버지니아 주의 리젠트대학(Regent Univ.)의 명예교수이다.
- **민중신학**(民衆神學): 1970년대 후반부터 형성된 한국 개신교의 실천신학. 해방신학이 라틴아메리카의 상황신학이라면 민중신학은 한국적 상황신학으

로서, 1960년대 이후 한국 사회의 산업화와 도시화 과정에서 생긴 여러 가지 사회적 문제를 선교 과제로 수용해 실천 속에서 형성시킨 신학이다.

- **루돌프 칼 불트만**(Rudolf Karl Bultmann, 1884. 8. 20~1976. 7. 30): 독일 루터파 신학자이다. 독일 말부르그 대학(University of Marburg)의 신약학 교수였으며, 소위 비신화화(demythology)를 통해 기독교의 신앙을 과학을 바탕으로 한 역사적인 사실로 받아들임을 부인하고, 신앙과 역사 간의 구분을 주장했다.
- **실존주의**(實存主義): 19세기의 합리주의 관념론이나 실증주의에 반대하여 개인으로서의 인간의 주체적 존재성을 강조하는 사상.
- **유아론**(唯我論, solipsism, egoism): 인식론적으로 극단적 형태의 주관적 관념론. 임마누엘 칸트의 글에서 사용되었으며, 원래는 도덕적 이기주의를 뜻하는 철학 용어.
- **마르크스주의**(Marxism): 19세기 중반 칼 마르크스와 프리드리히 엥겔스가 발전시킨 일단의 학설 체계. 인간학, 역사철학, 정치·경제 이론의 3부분이 서로 상관되어 마르크스주의의 관점에서 다루어지고 있다.
- **헬무트 골비처**(Helmut Gollwitzer, 1908. 12. 29~1993. 10. 17): 루터파 신학자로서 칼 바르트의 수제자였다. 그는 칼빈과 루터의 성만찬 비교라는 학위 논문을 썼으며, 베를린 자유대학 교수로 재직했다.
- **프리드리히 빌헬름 마쿼트**(Friedrich Wilhelm Marquardt): 헬무트 골비처의 제자로서 베를린 자유대학의 조직신학 교수였다.
- **마틴 하이데거**(Martin Heidegger): 독일의 철학자. 20세기 실존주의의 대표자로 꼽히는 독창적인 사상가이며 기술 사회 비판가이다. 유명한 저술로는 《존재와 시간》(Sein und Zeit)이 있다.

- **게르드 타이슨**(Gerd Theiβen): 하이델베르그 신과대학의 신약학 교수이다.
- **예수 세미나**(Jesus Seminar): 웨스터 연구소(Westar Institute)의 지원을 받아 로버트 펑크와 존 도미니크 크로산에 의해 1985년에 설립된 약 200여 명에 달하는 연구 모임으로 성서비평학을 중심으로 성서에 대한 탈신앙화를 기치로 내걸고 있다.
- **루터**(Luther, Martin): 독일의 신학자. 1517년에 당시 교회의 부패에 대해 비판한 95개 조항의 논제를 발표하여 종교 개혁을 촉진시켰으며, 신약 성서의 독일어 번역을 완성하였다.
- **칼빈**(Calvin, 1509. 7.10~1564. 5.27): 제네바의 종교개혁가이자, 장로교를 창시한 프랑스의 개신교 신학자. 저술로는 유명한 《기독교강요》가 있다.

02. 몰트만 신학과 조용기 신학의 만남

- **하인츠 뵘**(Heinz Boem): 독일 기독교 문학작가. 도덕과 종교가 무너진 실존주의 문학의 결국은 절망으로 치달을 수밖에 없음을 작품 《절망의 세대》(Die generation der Hoffungsloessen)를 통해 고발하고 있다.
- **신비적 합일**(Unio cum mystica): 하나님과 신자 개인 간의 신비적인 연합을 말함. 신플라톤주의자 플로티누스(Plotinus)에 의해 사용되었으나, 하나님과 성도 간의 신비적인 교류라는 뜻으로 기독교적으로 사용됨.
- **오직 성경으로**(Sola Scriptura): 중세교회의 "교황주의"(ex Cathedra)를 대항해서 내세운 "오직 성경만이" 유일한 삶의 척도라고 하는 개신교 신앙의 슬로건.
- **그리스도와 합일**(Unio cum Christo): 소위 "그리스도와 연합"이라고 하는 칼

빈의 말. 신비적 합일(Unio cum mystica)이라는 말을 기독교적으로 변용함. 후일 칼빈주의에 영향을 입은 청교도들의 종교적인 기치가 됨.
- **헤르만 바빙크**(Herman Bavinck): 19세기 네덜란드 칼빈주의 신학자. 아브라함 카이퍼(Abraham Kuyper), 비. 비. 워필드(B. B. Warfield)와 함께 칼빈주의를 대표하는 신학자로 불린다.
- **기독교강요**(Christianae Religionis Institutio): 존 칼빈의 대표적인 저술. 기독교의 근본 진리를 신조 형식으로 서술해 놓음.
- **사변신학**(Speculative Theology, 思辨神學): 계시 내용을 철학적으로 설명하려고 하는 신학적 견해. 이성 중심적, 신조 형식으로 신학을 서술하려 함.
- **베자**(Beza): 칼빈을 도와 제네바 아카데미의 초대 교장을 역임함. 칼빈의 신학을 조직적으로 체계화시킴.
- **비. 비. 워필드**(B.B. Warfield, 1851. 11.5~1921. 2.16): 프린스턴 신학대학의 조직신학자. 칼빈주의 3대 신학자로 불린다.
- **아브라함 카이퍼**(Abraham Kuyper, 1837. 10. 29~1920. 11. 8): 네덜란드의 칼빈주의의 대표적인 신학자. 네덜란드의 수상을 지냈음.
- **실존적 경험**(existential experience): 삶의 모습이 그대로 노출되는 상황, 혹은 순간에 그대로 자신에게 다가오는 경험.
- **지그문트 프로이트**(Sigmund Freud, 1856. 5. 6~1939. 9. 23): 오스트리아의 정신과 의사. 성(sex)과 연관 지어 잠재의식 세계를 설명한다.
- **빈스방거**(Ludwig Bingswanger, 1881. 4. 13~1966. 2. 5): 실존주의적 심리학의 창시자. 환자와 의사 간의 인격적인 치유 관계를 통한 인격적인 개인적 관계성을 강조한다. 그러한 그의 생각은 개인적 인격적 실존주의(personal individual existentialism)라고 하는 새로운 사상의 장을 연다.

- **마틴 부버**(Martin Buber, 1878. 2. 8~1965. 6. 13): 오스트리아 출신의 유태인 종교 철학가. 종교적이며 인격적 실존주의를 주장한 사람으로 알려져 있다. 그는 1925년에 《나와 너》(Ich und Du)를 저술한다.
- **키에르케고르**(S. Kierkeggard, 1813. 5.5~1855. 11. 11): 덴마크의 기독교 실존주의 창시자. 그는 기독교 신앙의 근본적인 옹호자였다.
- **지성에 호소하는 신앙**(Fides querens Intellectum): 성 어거스틴의 "알기 위해 믿는다"라고 하는 말이었으나, 참다운 신앙은 참다운 지성과 상통한다는 적절한 관계성을 두고 하는 말.
- **실존**(Da-Sein): 존재가 확인되는 공간이라는 의미로 사용된 말. 각 사람의 삶의 모습이 극렬하게 드러나는 순간 혹은 상황을 의미한다.
- **해석**(Interpretation): 과거의 역사적 의미(meant)가 현재의 역사적 의미(mean)로 새롭게 이해되는 것을 말한다.
- **자유주의**(Liberalism): 후기 종교개혁 시대에 뒤따르는 정통주의에 항거해 일어난 현대 신학의 운동을 말한다. 또한 자유주의 신학은 "인간 이성에 대한 긍정과 신뢰"를 바탕으로 한 계몽주의 철학 사조와 그에 따르는 일련의 연구 태도를 그리스도교 해석에 비판적으로 도입, 적용한 19세기 신학의 한 사조이다.
- **보수주의**(Conservatism): 진보주의 혹은 자유주의 신학과 대립되는 사상으로 역사적 기독교의 본질적인 신앙과 교리를 옹호하며 지키는 신학을 의미한다
- **조나단 에드워드**(Jonathan Edward, 1703. 10. 5~1758. 3. 22): 미국의 역사를 대표하는 칼빈주의 설교가이자 철학자이다. 또한 영적 대각성 운동을 주도한 미국 기독교 부흥의 아버지라 할 수 있다.

- **찰스 피니**(Charles Finny, 1792. 8. 29~1875. 8. 16): 제 2대각성 운동을 일으킨 장로교 오버린 (Oberlin)신학교의 교수이자, 대부흥사. 현대 부흥 운동(Revivalism)과 기독교 완전주의 운동(Christian Perfectionism)을 제창하였다.
- **헤르만 도이베르트**(Herman Dooyweerd, 1894. 10. 7~1977. 2. 12): 네덜란드의 법철학자. 소위 "우주 법철학 사상"(philosophy of the cosmonomic idea)이라고 하는 칼빈주의적 철학 사상을 창안하였다.

03 크리스토프 불룸하르트(C. Blumhardt) 부자와 조용기 목사

- **크리스토프 불룸하르트 1세**(1805~1880): 독일 신학자이자 목회자 그리고 영성 지도자였다.
- **크리스토프 불룸하르트 2세**(1842. 6. 1~1919. 8. 2): 불룸하르트 1세의 아들로서, 독일 신학자. 기독교 사회주의를 창시해서 많은 영향을 미쳤다.
- **포이에르바하**(Ludwig Feuerbach, 1804. 7. 28~1872. 9. 13): 독일 철학자 및 인류학자. 헤겔학파에 속한 무신론주의자였다.
- **알브레히트 리츨**(Albrecht Ritschl, 1822. 3. 25~1889. 3. 20): 독일 조직신학자. 하르낙(Harnack)과 더불어, 소위 베를린학파를 이끌었다.
- **헤르만**(Johan Wilhelm Herman, 1846. 12. 6~1922. 1. 3): 자유주의적인 독일의 개신교 신학자. 그는 신앙의 바탕은 교리이기보다는 그리스도의 생명의 실재를 직접 체험하는 것이어야 한다고 강조했다. 칼 바르트와 루돌프 불트만이 그에게 배우면서 중대한 영향을 받았다. 그는 알브레히트 리츨의 제자로서, 윤리학을 강조하고 형이상학을 배척한 스승의 입장을 계승했다.
- **에두아르트 투루나이젠**(Eduard Thruneysen, 1888. 7. 10~1977. 8. 21): 스위

스의 실천신학자. 칼 바르트의 친구이자, 바젤 신학교의 동료.
- **레온하르트 라카츠**(Leonhard Ragaz, 1868. 7. 28~1945. 6. 7): 스위스의 개혁 교회 신학자, 헤르만 쿠터(Hermann Kutter)와 함께 크리스토프 불룸하르트 2세의 영향으로 스위스 기독교 사회주의를 창건함.
- **라우셴부쉬**(Rauschenbusch, 1861~1918): 미국의 개신교 신학자이며 사회개혁자이다.
- **라인홀드 니버**(Reinhold Niebuhr, 1892~1971): 미국의 유니온(Union) 신학교 교수였다. 기독교 사회정의를 부르짖었던 기독교 윤리학자.
- **취소**(Retraction): 어거스틴이 죽기 6년 전에 쓴 책으로 자신의 초기 은사 종료 사상을 취소하고 있다. 라틴어(Retractiones)의 뜻은 재고려(reconsideration)이다.
- **은사 종료**: 모든 은사가 사도 시대 이후에 종결되었다고 생각하는 사상. 전후기 스콜라 사상과 교리적인 생각에만 치중하던 정통 교회가 가지고 있던 일반적인 오해.
- **이용도**(李龍道, 1901. 4. 6~1933. 10. 2): 감리교 목사 · 부흥사. 호는 시무언(是無言).

04 조용기 목사와 위대한 스승 조지 래드(G. E. Ladd)

- **조지 래드**(George Ladd, 1911~1982): 풀러신학교(Fuller Seminary)의 신약학 교수. "하나님의 나라"(The kingdom of God)에 대한 저술이 있다.
- **관계신학**(Relatio theologia): 하나님과 인간 간의 유비적 관계(relatio analogia)를 이해하는 신학적 태도.

- **코람데오**(Coram Deo): "주 앞에서", "하나님 앞에서", "여호와 앞에서" 등의 표현. 코람데오가 사용되는 통상적인 의미는 하나님 보시기에 온전히 행하라는 것.
- **알브레히트 페터스**(Albrecht Peters): 하이델베르그 대학의 조직신학자.
- **한스 우르스 폰 발타자르**(Hans Urs von Balthasar, 1905. 8. 12~1988. 6. 26): 스위스의 가톨릭 신학자, 추기경을 지냄.
- **코람 호미니부스**(Coram hominibus): 이웃과 함께하는 인간이라는 뜻.
- **코람 마입소**(Coram Meipso): 성(sex)과 내면 세계를 지니고 있는 인간이라는 뜻.
- **코람문도**(Coram mundo): 세상과 연관되어 있는 인간이라는 뜻.
- **알버트 슈바이쳐**(Albert Schweitzer, 1875. 1. 14~1965. 9. 4): 독일 신학자, 아프리카 선교사, 음악가, 의사.
- **다드**(C. H. Dodd, 1884. 4. 7~1973. 9. 21): 영국 신학자. 실현된 종말론(realized eschatology)을 주장함.
- **베네딕트 스피노자**(Benedict Spinoza, 1632~1677): 무신론적 자연철학의 창시자.
- **레이마루스**(Hermann Samuel Reimarus, 1694. 12. 22~1768. 3. 1): 독일 신학자이며, 철학자. 기적을 부인함. 부활은 예수 자신의 십자가에서의 기절을 기적으로 오인해서 생겼다고 주장함.
- **르낭**(Joseph Ernest Renan, 1823. 2. 28~1892. 10. 2): 불란서의 문학가, 철학자, 언어학자. 예수를 유대의 한 젊은 풍운아로 묘사함.
- **브레데**(Georg Friedrich Eduard William Wrede, 1859. 5. 10~1906. 11. 23): 독일 성서신학자.

- **요하네스 바이스**(Johannes Weiss, 1863. 12.13~1914. 8. 24): 독일의 신약학자. 신약성서 비평으로 잘 알려졌다. 복음서에 대한 종말론적 해석을 처음으로 했고(1892), 성서 구절의 구조적 양식을 분석 검토하는 '양식 비평'을 창안했다.
- **풀러**(R. H. Fuller, 1915. 3. 24~2007. 4. 4): 성공회 신부이자 신학자.
- **존 윔버**(John Richard Wimber, 1934. 2. 25~1997. 11. 7): 빈야드 운동의 창시자. 목사이며, 《능력 복음》(Power Evangelism)을 썼다.
- **피터 와그너**(Peter Wagner): 존 윔버와 함께 빈야드 운동을 일으킴. 풀러신학교 교수이자 목사.

05 피터 침머링(P. Zimmerling)과 조용기 목사의 성령론

- **피터 침머링**(Peter Zimmerling): 현재 라이프치히 신과대학의 실천신학 교수로 있음. 20세기 오순절 운동에 대학 교수 논문을 썼음.
- **페리코레시스**(Perichoresis): 삼위 하나님이 서로 함께 춤을 추신다는 뜻. 삼위일체를 설명하는 말로서 갑파도기아 신학자들이 만들어 낸 말. 루터와 몰트만이 삼위일체 설명을 위해 사용함.
- **존 웨슬리**(John Wesley, 1703. 6. 28~1791. 3. 2): 감리교의 창시자. 모라비안의 지도자 진첸도르프(Zinzendorf)에게 영향을 받음.
- **아처 토리**(Reuben Archer Torrey, 1856. 1. 28~1928. 10. 26): 무디성경학교의 초대교장. 복음 전도자.
- **말씀을 가지고**(cum Verbo): 성령이 주체가 되셔서 말씀을 가지고 역사하신다는 의미.

- **말씀을 통해서**(per Verbum): 성령이 말씀을 통해서 역사하신다는 수동적인 의미.
- **조명 이론**(Illumination theory): 초기의 조명 이론이란 성경에 대한 강조 때문에 성경 그 자체가 스스로 계시를 조명한다는 생각에 집중되어 있었다. 시간이 지나면서, 성령이 성경을 수단으로 조명하여 계시를 밝혀 주신다는 의미로 해석했다.
- **관상 기도**(contemplation prayer): 수도원적 전통을 따른 명상 기도의 일종. 한 대상을 향해(conteplatio) 정신을 한 곳에 모은다는 뜻을 지니고 있다.
- **요아힘 폰 피오레**(Joachim von Fiore, 1135~1202. 3. 30): 중세의 이탈리아 수도원 원장. 성부, 성자, 성령 시대로 교회의 역사를 나누어서 설명한다.
- **슐라이에르마허**(Friedrich Daniel Ernst Schleiermacher, 1768. 11.21~1834. 2. 12): 자유주의 신학 사조의 창시자. 신앙을 절대 의존적 감정으로 표현함.
- **랑케**(Leopold von Lanke, 1795~1886): 그는 역사를 개관적인 증거 자료들에 의해 서술하기를 원했다. 헤겔식 정반합의 원리에 의한 역사 서술을 거부했다.
- **볼프하르트 판넨베르그**(Wolfhart Pannenberg): 뮌헨 대학의 조직신학자. 기독교의 예수의 부활을 일반적인 역사로 서술하려고 시도함.
- **세대주의자**: 성경의 역사를 일곱 단계로 나누어서 각 시대마다 하나님의 역사는 각기 다른 특성을 나타내며 역사하셨다고 믿는 신앙적 사고를 지닌 사람. 특히 미국에서 세대주의 사상은 나타났다고 할 수 있다.
- **양태론**(Modalism): 한 하나님이 각기 상황에 따라 다른 모습으로 나타나셔서 역사하신다는 사고 방식. 삼위일체란 결국 양태론에 의하면, 한 하나님이 여호와로 그리고 예수와 성령으로 각기 모습을 달리하여 시대마다 나타

났다고 믿는다.
- **재세례파**(Anabaptis, 再洗禮派): 16세기 종교 개혁 때 나타난 개신교의 급진적인 종파. 유아 세례를 부정하고, 교회는 신앙 고백으로 세례를 받은 진정한 신앙자로 이루어져야 함을 주장하였다

06 오순절 신학과 조용기 신학의 만남

- **발트 제이 홀렌버그**(Walt J. Hollenberg): 독일 신학자. 특히 오순절 역사를 포함한 현대 카리스마 영성사에 대해 많은 논문을 썼음.
- **알미니우스**(Jacobus Arminius, 1560. 10. 10~1609. 10. 19): 네덜란드 라이덴 대학의 신학교수. 구원을 위한 전제 조건으로 인간의 의지를 내세워 칼빈의 구원에 대한 인간의 전적 무능에 대한 고백과 갈등을 낳아 이단이 됨.
- **에드워드 어빙**(Edward Irving, 1792. 8. 4~1834. 12. 7): 스코틀랜드의 장로교 목사. 오순절 사상의 창시자. 성령의 사역을 강조함.
- **알렉산더 도위**(John Alexander Dowie, 1847. 5. 25~1907. 3. 9): 스코틀랜드 출신의 치유 사역 복음 전도자이며 미국과 오스트레일리아에서 활동. 일리노이(Illinois) 주 미시건 호수 옆에 시온이라는 신앙촌을 세우고, 기독교 가톨릭 사도교회(the Christian Catholic Apostolic Church)를 세웠다.
- **막스 베버**(Max Weber, 1864. 4. 21~1920. 6. 14): 독일 하이델베르그의 사회학자이다. "개신교 윤리와 자본주의 정신"(The Protestant Ethic and the Spirit of Capitalism)을 썼다.
- **오랄 로버츠**(Oral Roberts, 1918. 1. 24~2009. 12. 5): 오순절 감리교회 목사. 오랄 로버츠 대학의 설립자. 조용기 목사에게 지대한 신앙적인 영향을 줌.

- **찰스 웨슬리 에머슨**(1837~1908): 유니테리언 교회의 목사. 보스턴 에머슨 대학의 설립자. 미국에 긍정적 철학을 제시하여, 지대한 영향을 줌.
- **토머스 쿤**(Thomas Samuel Kuhn, 1922. 7. 18~1996. 6. 17): 하버드의 과학 철학자. 1962년에 유명한 《과학혁명의 구조》(The Structure of Scientific Revolutions)라고 하는 책을 썼다. 그의 차원 이론과 차원 이동(paradigm shift)은 조용기 목사의 4차원 영성의 기본적인 틀을 제공한 셈이다.
- **에큐메니즘**(Ecumenism): 세계의 그리스도 교파를 하나로 통합하려는 주의. 1910년 에딘버러 선교 회의를 시작으로 1948년에는 세계 교회 협의회가 결성되는 등 여러 형태로 운동을 전개하고 있다.
- **아브라함 매슬로**(Abraham Harold Maslow, 1908. 4. 1~1970. 6. 8): 미국의 심리학자. 프로이드의 부정적 인간 이해에 반하여 인간을 긍정적으로 이해하려는 시도를 함.

┌─────┐
│ 판 권 │
│ 소 유 │
└─────┘

장로교 신학자가 본 조용기 목사

2012년 10월 30일 인쇄
2012년 11월 5일 발행

지은이 | 김호환
발행인 | 이형규
발행처 | 쿰란출판사

주소 | 서울특별시 종로구 이화동 184-3
TEL | 02-745-1007, 745-1301~2, 747-1212, 743-1300
영업부 | 02-747-1004, FAX / 02-745-8490
본사평생전화번호 | 0502-756-1004
홈페이지 | http://www.qumran.co.kr
E-mail | qrbooks@gmail.com
        qrbooks@daum.net
한글인터넷주소 | 쿰란, 쿰란출판사

등록 | 제1-670호(1988.2.27)

책임교열 | 김유미 · 오완

값 8,000원

ISBN 978-89-6562-286-4 93230

* 이 출판물은 저작권법에 의해 보호 받는 저작물이므로 무단 복제할 수 없습니다.
  잘못된 책은 교환해 드립니다.